JN013789

諦めない心、ゆだねる勇気

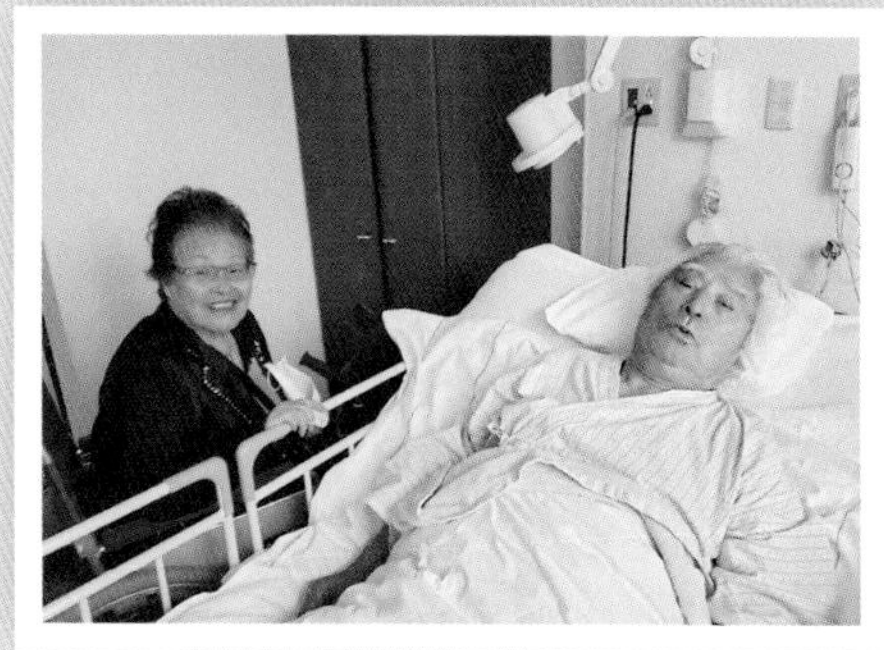

2020年に難病に倒れて緊急手術。新たな挑戦が始まった（左は妻の朋子）。

2021年、88歳で聖火ランナーを務めた雄一郎と、サポートの次男・豪太。

三浦雄一郎
三浦豪太

主婦と生活社

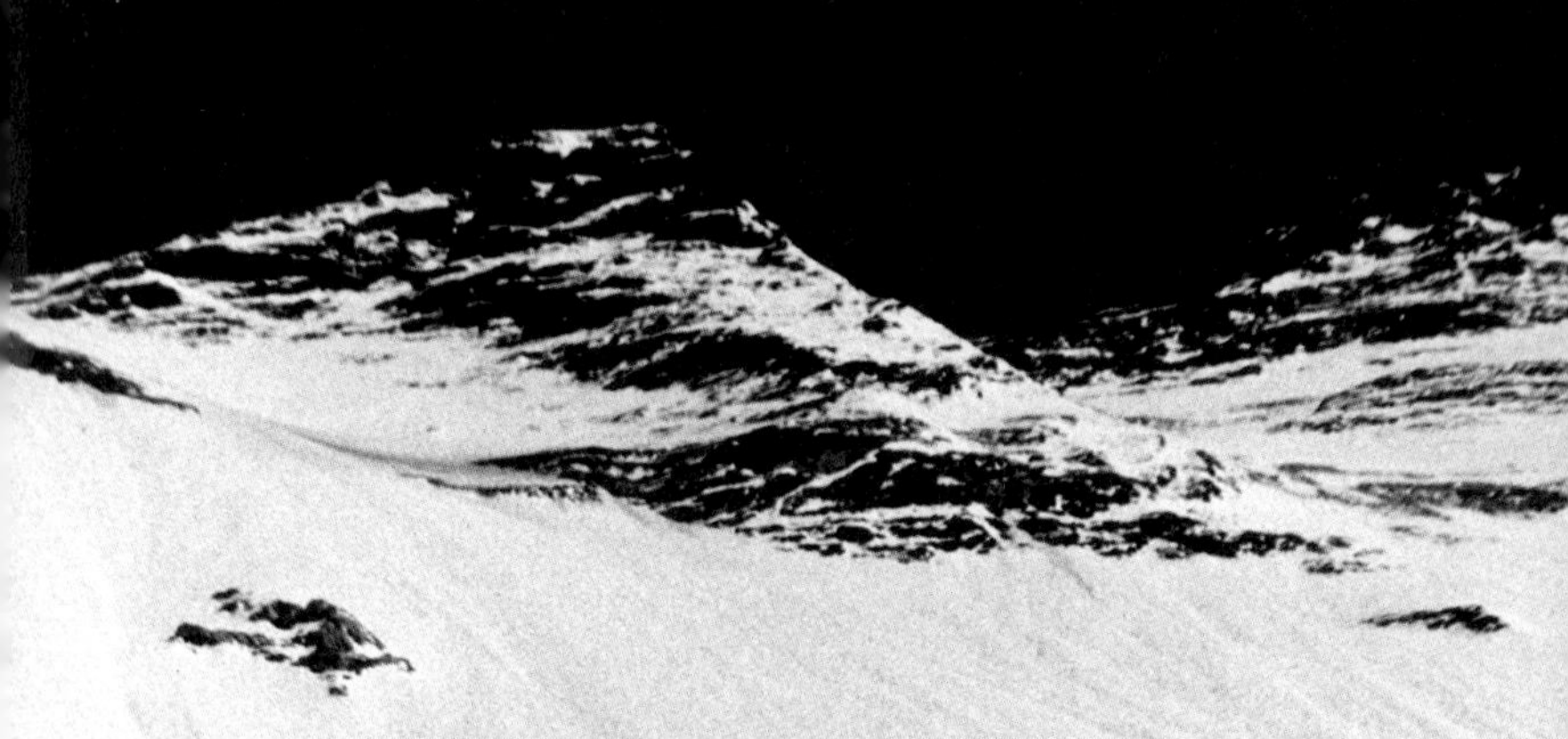

世界初となる
エベレストでの滑降も「冒険」、

プロスキーヤーとして、
冒険家として生きてきた。
スピードスキーの世界新記録達成、
７大陸の最高峰から滑降、
70代からのエベレスト登頂……。
何歳になっても新たな目標を設定し、
さまざまな夢を実現してきた。

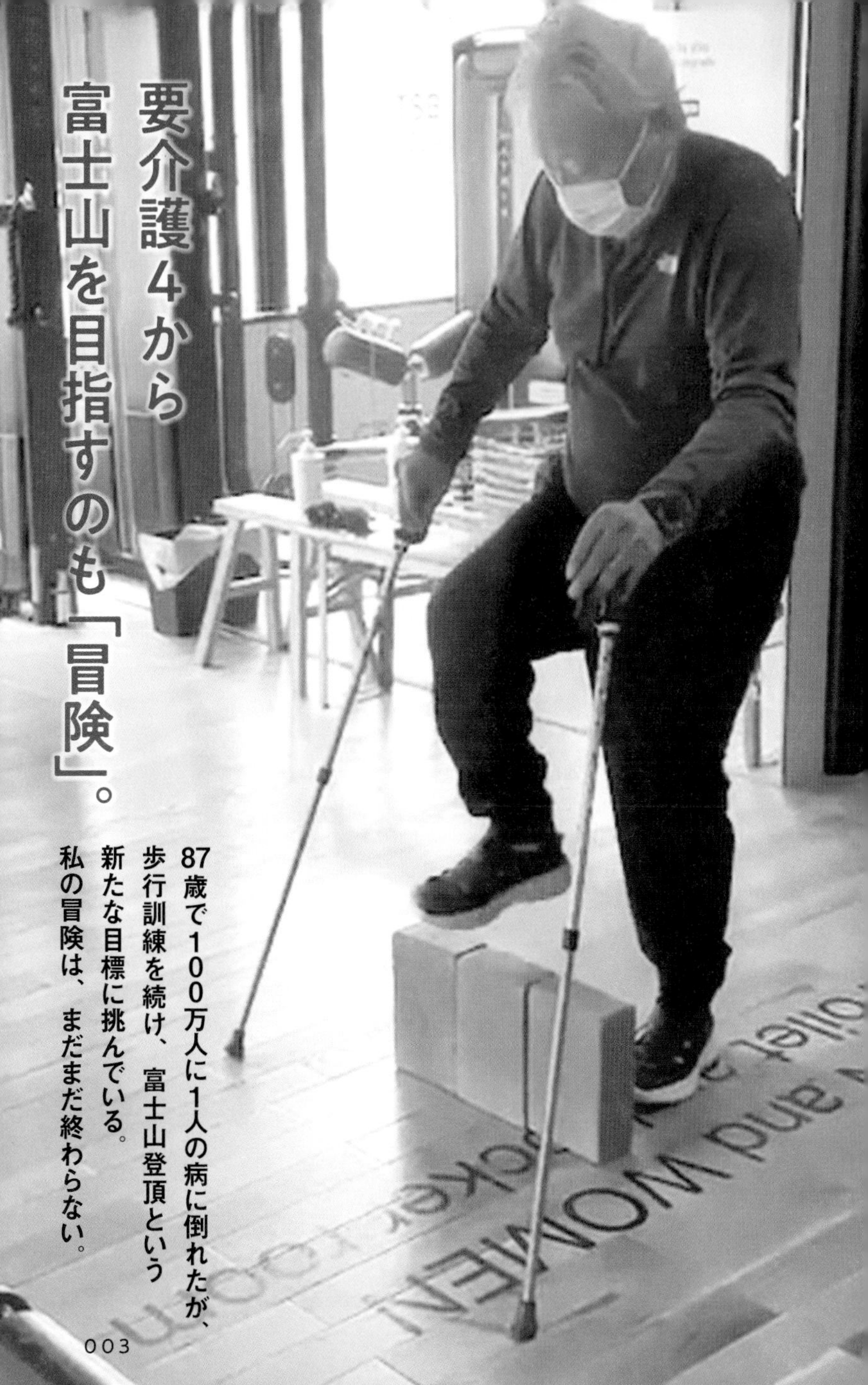

要介護4から富士山を目指すのも「冒険」。

87歳で100万人に1人の病に倒れたが、歩行訓練を続け、富士山登頂という新たな目標に挑んでいる。私の冒険は、まだまだ終わらない。

はじめに

新型コロナウイルスが人類を未曾有の危機に陥れていた２０２０年、
87歳だった私は「頸髄硬膜外血腫」という病を患った。

それは、「冒険家」の私から身体の自由を奪うものだった。
以後、私は「要介護４」に認定された。

しかし、私は諦めなかった。
また立ち上がり、新たな目標のために歩き出している。
本書は、その過程を包み隠さずに綴ったものである。

2020年1月、サッポロテイネスキー場にて／要介護4になる前

もうすぐ91歳になる私は、病気の影響もあり、
自分自身でできることは減ってしまった。
そこで、次男の三浦豪太と
共著という形をとった。
豪太は私を支える家族の立場から、
この数年間のことを克明に書いてくれた。

本書が、ひとりでも多くの
不安を抱えている人、
困難に立ち向かおうとしている人、
希望を失いかけている人に届くことを願っている。

2023年9月

三浦雄一郎

「私のこれまでの冒険」

1962年、私は29歳でアメリカのプロスキー選手権に出場し、
64年にはスピードスキーの時速172.084km/h、
当時の世界記録を樹立した。
その後、7大陸最高峰からのスキー滑降、
70歳・75歳・80歳でエベレスト登頂、
86歳で南米最高峰アコンカグア挑戦と、
つねに新たな目標に向かって歩んできた。

1932年（昭和7年）に生まれ、青森で育つ。

地球の上を飛び回る日々

南極大陸にも三度行った。写真は1977年に滑降したときのもの。

60代からの再挑戦

足首に重りをつけたり、リュックを重くしたり、日々歩くことをトレーニングにした

今は亡き父・敬三は長寿でスキーの達人

豪太はリレハンメル・長野五輪に出場した

メタボになっていたが、99歳でモンブランでのスキーに挑戦した父・敬三、モーグルで五輪出場を果たした次男・豪太に刺激を受けて、再び歩き始めた。

70代から三度のエベレスト

エベレストに登ることを目標にして、一歩一歩歩き続けた。目標は大きいほうが、がんばれるもの。家族や多くの仲間、専門家にも助けてもらい、実現できたのだ。

子にゆだねながら進む「現在進行中の冒険」

2020年に頸髄硬膜外血腫を発症し、緊急手術を受けた。そのまま長期の入院となり、要介護4に……。一時は立つこともできない状態になったが、私は諦めなかった。さまざまな判断や計画を子にゆだねつつ、転院や心臓のペースメーカー手術を経て、リハビリに励んできた。そして、札幌の手稲山での登山や、大雪山でのスキーをできるまでに回復。これから目指すのは富士山登頂だ！

救急搬送と緊急手術

2020年
6月

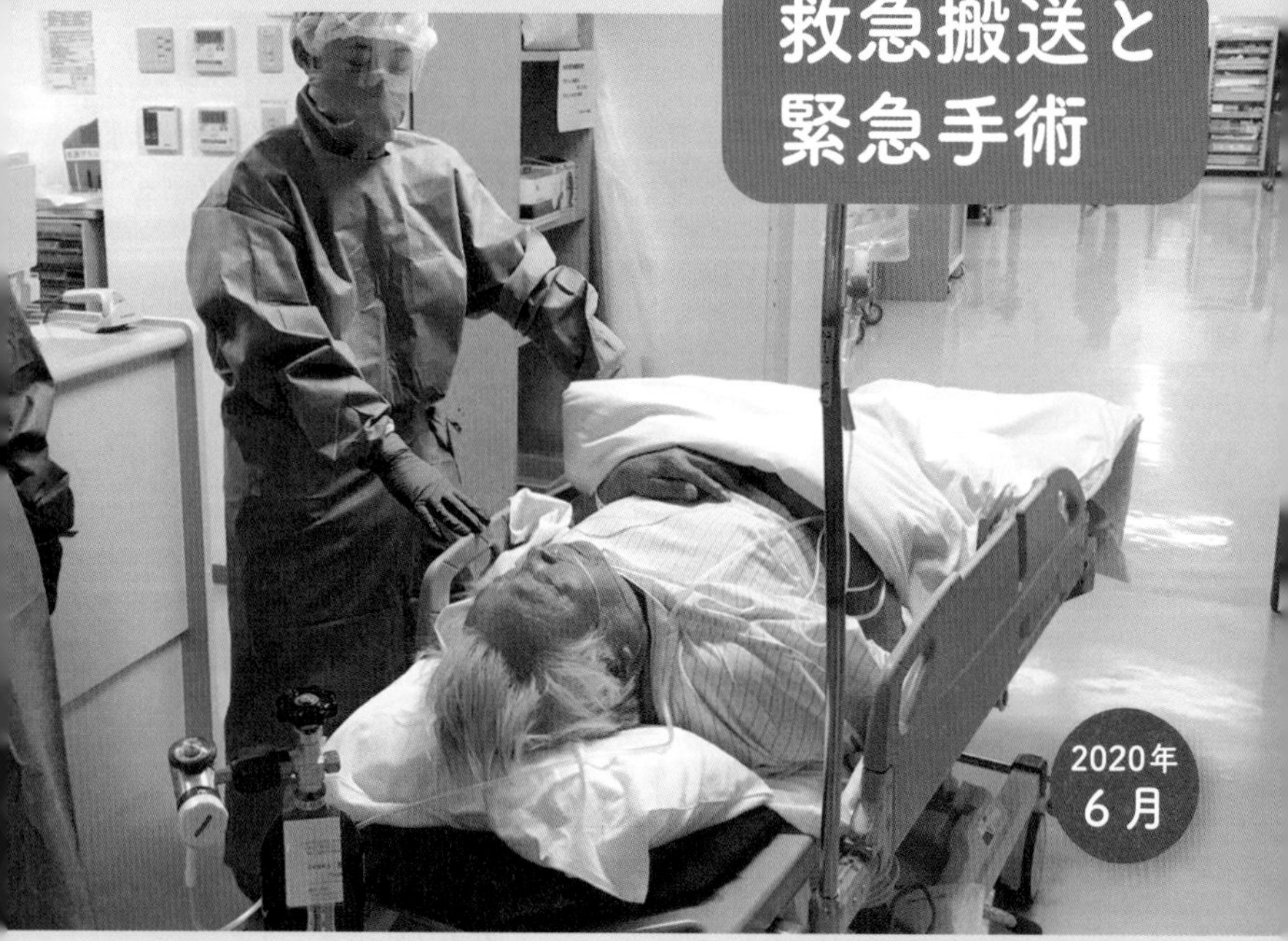

2020 年 6 月3日未明に倒れ、当日手術を受けた。それは私の再スタート地点だった。

富士山を目標に歩く！

ロボットのような機器でのリハビリから、少しずつ前進。札幌の手稲山にも登ることができるようになった。

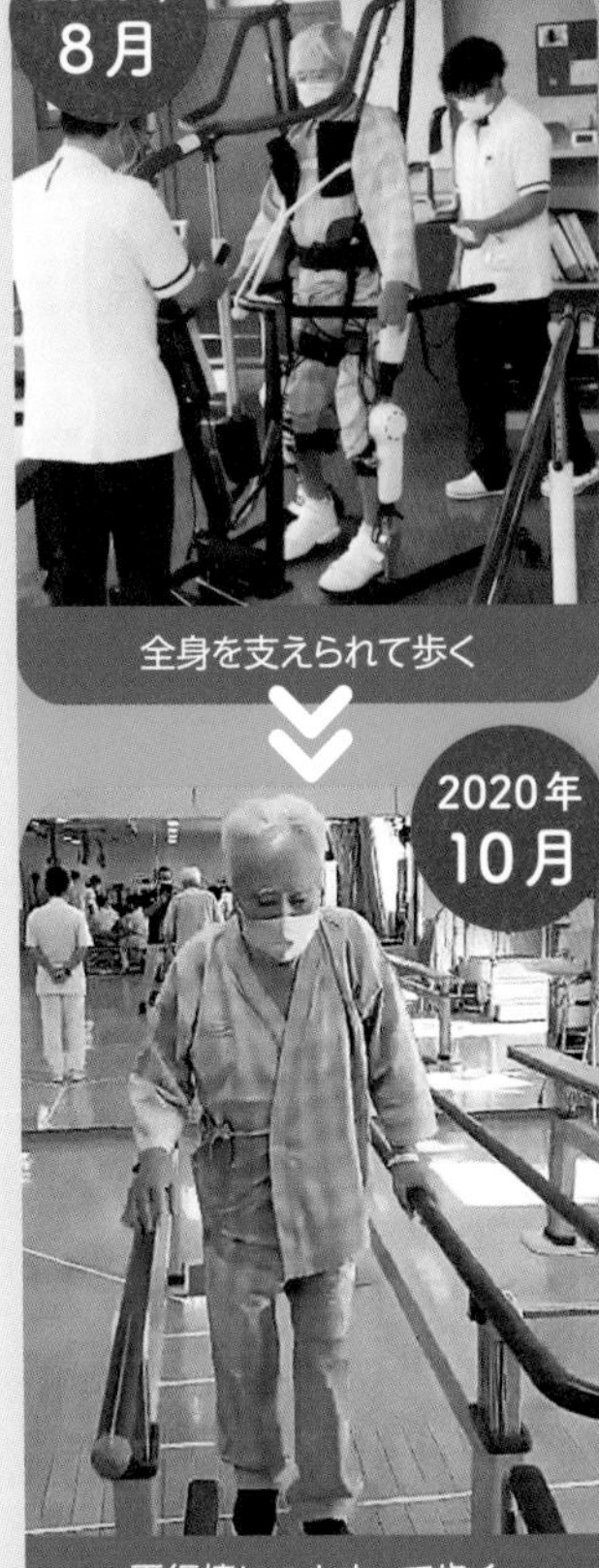
2020年8月

全身を支えられて歩く

2020年10月

平行棒につかまって歩く

2021年4月

ストックを使って歩く

2022年10月

仲間とともに登山

スキーにも再挑戦！

2022年1月

イスに座って滑らせてもらう「デュアルスキー」

2023年3月

サポートしてもらい、自分で滑る

デュアルスキーを用いることもあるが、自分の脚でも滑っている。

三浦豪太が選ぶ
前向きに生きるための「三浦家の十ケ条」

父・三浦雄一郎の生き方は、長女・恵美里、長男・雄大、次男の僕・豪太に大きな影響を与えた。父が作ってきたもの、私たちきょうだいが父に寄り添うなかで作ってきたもの、そんな十ケ条を選んでまとめてみたい。

1 食べることを楽しむ

生きる力の源（みなもと）は食べること。三浦家では、肉や魚などタンパク質や発酵食品を重視してたくさん食べる。家族や仲間と楽しい場を作り、話しながら食べるのが三浦家流。エベレストにも海苔（のり）を持参して、手巻き寿司パーティを行ったほど、楽しく食べることにこだわる。

2 いつも目標を持つ

父・雄一郎は、エベレストに登ることを目標として、70歳、75歳、80歳と3回の登頂に成功。目標を持つことで、毎日のトレーニングを頑張ることができた。

旅行に行く、人と会う、出かける……人それぞれでよいと思う。目標を持つことが、心の支えとなる。

3 そのときにできる健康法を実行する

年齢とともに、できることは変わるもの。

父・雄一郎は、両足に重りをつけて歩いた時期もあれば、乾布摩擦をやった時期もある。スキー、自転車、散歩……その時々で、できることをやってきた。

三日坊主で終わったら、また始めればいい。そんな気持ちでまずはやってみる。これが三浦家の考え方だ。

4 チームでサポートする

親のサポートのすべてを抱え込んで、悩むのは避けたいもの。そのためには、病院の先生、ケアマネジャーさん、リハビリの理学療法士さん、きょうだい、いろんな仲間の力を頼り、チームでサポートするのがベストな方法だ。

5 できることをやる

僕には姉と兄がいる。そのときの状況のなかで3人それぞれが、できることをやっている。親に付き添う、医師と相談する、親への説得、全体の調整……などなど。きょうだいでコミュニケーションを図る機会を作り、話し合うようにしている。

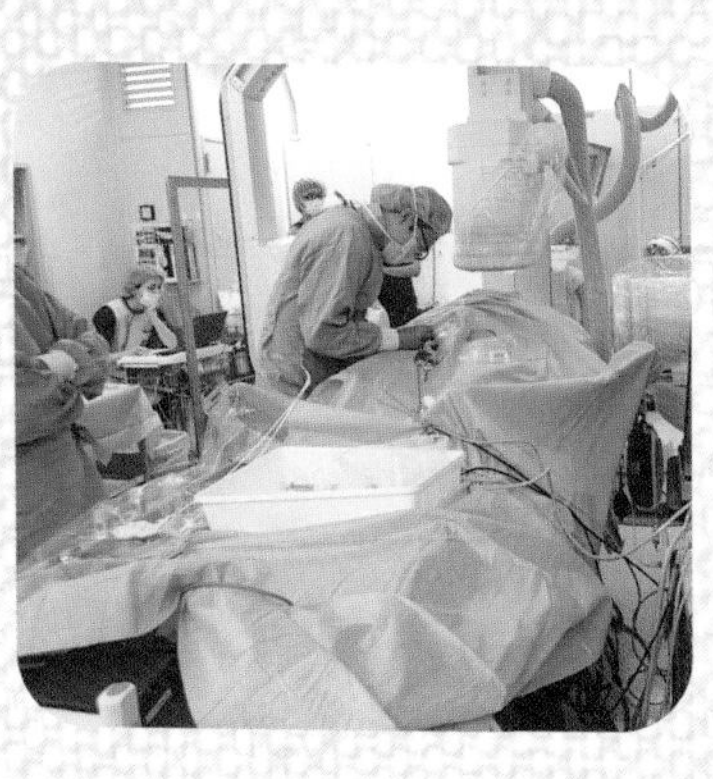

6 無闇におそれない

険しい山も、介護も、遠くから眺めると「怖い、どうなるんだろう」と不安に思えるもの。

でも、よく学び、近づいてみれば、案外大丈夫なものだ。

不安ばかりをふくらませない。これも、父・雄一郎の生き方から学んできた。

7 前向きな気持ちを保つ

父・雄一郎は丈夫な人だが、心臓手術を8回もしている。当然、僕たちきょうだいにも、そのたびに影響があった。

そんなときも登山と同じように考える。

「この斜面を越えれば、素晴らしい景色が待っている」。こんなふうに、前向きな気持ちを保つように心がけている。

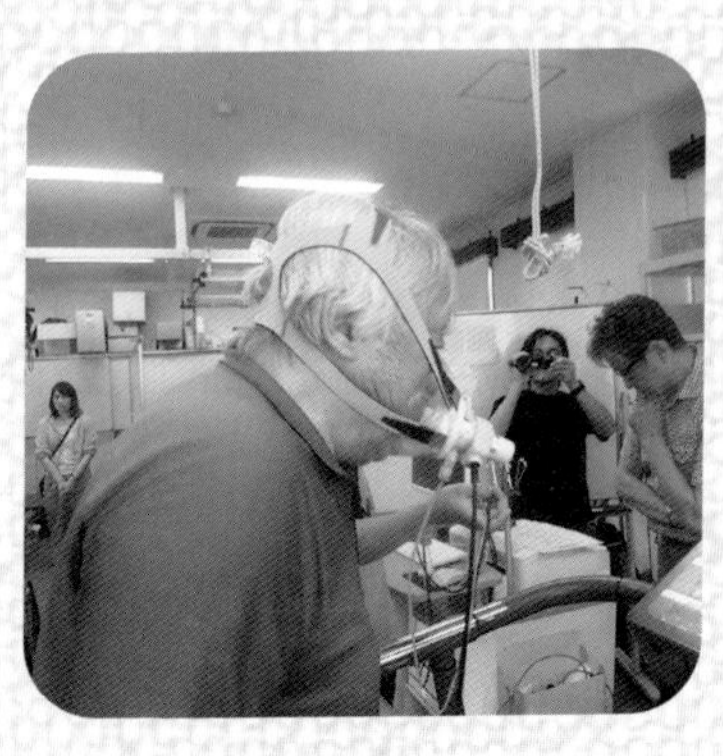

8 専門家の力を借りる

父・雄一郎は昔から、専門家の意見は必ずプラスをもたらしてくれるものと考え、取り入れてきた。高齢でのエベレスト登山の際も、多くの専門家の力を借りた。現在の、介護やリハビリ、登山やスキーも、さまざまなプロフェッショナルの知恵やノウハウに助けてもらっている。

9 うまくぶつかる方法を見つける

親の言い方に腹がたつこともあれば、ケンカをすることもある。「うるさいな、だまってて」と言う。しばらく口をきかない。三浦家もそんなことを日々やっている。年月とともに親子の関係も変わるもの。うまくぶつかりたい。

10 みんなで目標に向き合う〝ポジティブサポート〟

父・雄一郎のサポートで3回エベレストに同行し、今また、富士山へ一緒に登ろうとしている。

写真は2022年10月、父の90歳の誕生日を記念して札幌にある手稲山に登ったときのもの。参加したみんなが、この登山を楽しんでくれた。

誰かの希望を応援し、目標に寄り添い、仲間と協力してその目標を実現するのは、とっても楽しい。

そんな〝ポジティブサポート〟の関係を大切にしたい。

三浦雄一郎の

2023年

「富士山登頂計画」

富士山は素晴らしい魅力に満ちた山だ。その山頂から美しい眺めを見ることが、リハビリの大きな励みとなっている。少しでも自分の脚で歩けるように、準備を続けている。

8月31日午前
登頂、この日に下山

8月31日早朝
9合目を出発

8月30日午前
9合目に到着

8月30日朝
7合目を出発

8月29日午後
7合目に到着

8月29日朝
富士宮口
5合目からスタート

自分の脚で歩くことと、アウトドア用車椅子（写真右）を併用する。

◎予備日も含め9月1日までの計画
（変更の可能性あり）

隊長：三浦雄一郎
全体統括：三浦豪太
応援する人たち：約40人を予定

※アウトドア用車椅子は12人1チーム、交代しながら引っ張る。

諦めない心、ゆだねる勇気

三浦雄一郎・三浦豪太

目次

CONTENTS

はじめに

第1章

▼三浦雄一郎

「要介護4」からの再挑戦

——諦めない。そして、ゆだねる勇気を持つ——27

第2章 父・雄一郎の復活プログラム

――高齢になっても〝冒険〟はできる！ ――53

▼三浦豪太

第3章 子にゆだねつつ、目標を持つ〝幸齢者〟術

▼三浦雄一郎

第4章 チームで向き合うポジティブサポート

▼三浦豪太

――抱え込まずに介護する三浦家の考え方 ――153

協力（敬称略）

中岡亜希、杉田秀之、川分秀代（株式会社らくらケア）、三浦恵美里

STAFF

取材・構成・執筆協力／溝呂木大祐

構成・編集協力／細川工房

装丁／ソウルデザイン（鈴木大輔）

イラスト／おおのきよみ

写真提供／ミウラドルフィンズ

校正／水魚書房

DTP組版／東京カラーフォト・プロセス株式会社

「老いに親しむレシピ」シリーズ プロデュース・編集／新井晋

＊本書では、著者の過去の冒険や、現在の日々の挑戦をお伝えするために、古い写真や、スマホ動画のキャプチャ画像等を掲載しており、画質が粗いものも含まれます。ご了承くださいますようお願いいたします。

＊本書に掲載されている、健康法、トレーニング法、食事療法による、病気・ケガの治癒やさまざまな数値改善などの効果は、三浦雄一郎本人の体験によるものです。すべての人に同様の効果があるとは限りません。

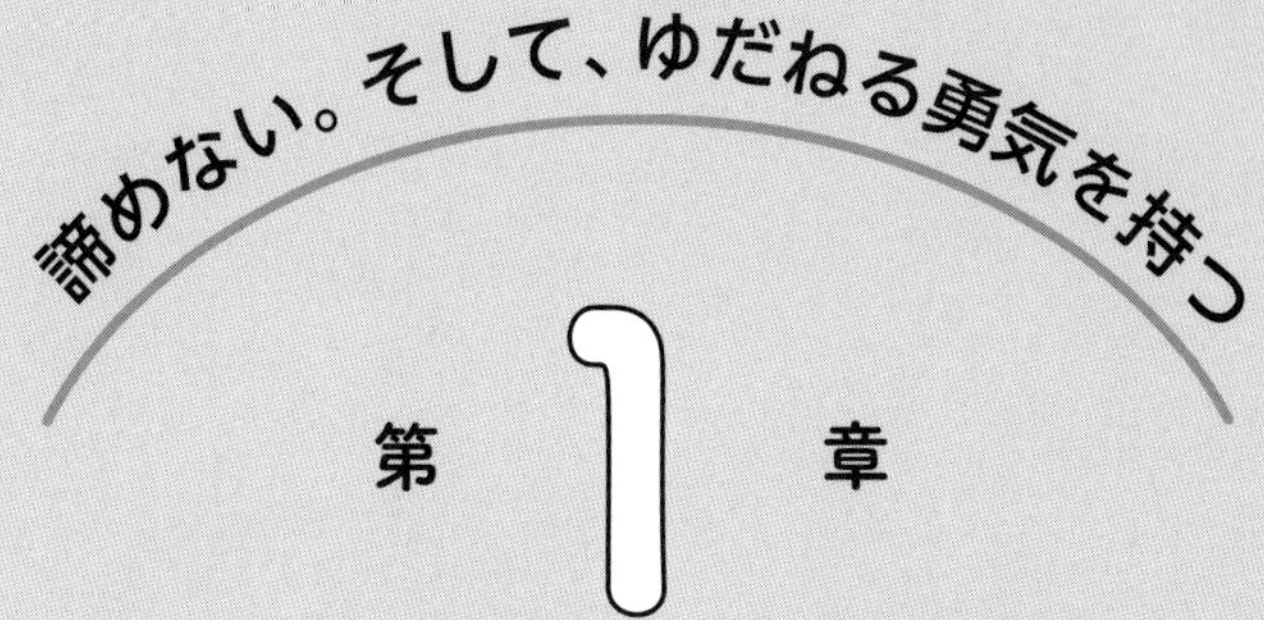

「要介護4」からの再挑戦

三浦雄一郎

アコンカグア登頂の断念は、チームの一員だからこそできた

２０１９年１月21日、当時86歳だった私は、アルゼンチンにあるアコンカグア（標高６９６１ｍ）の「プラサ・コレラ」という地点で朝を迎えた。

70歳、75歳、80歳と高齢になってからエベレストに三度登頂した私は、86歳で南米最高峰に挑んでいたのだ。標高６０００ｍのプラサ・コレラまで来れば山頂はもうすぐだ。あとひと頑張り、ふた頑張りで登頂できそうだ。私の胸は高鳴っていた。

すると、遠征隊のメンバーである次男の豪太（ごうた）と、山岳医の大城和恵（おおしろかずえ）先生らが神妙な表情で私のテントにやってきた。

何かあったのか？

豪太が胸に詰まっていたものを吐き出すように話を始めた。

それは、〝大城先生から、私へのドクターストップを宣告された〟という旨だった。

主治医であり、登山のエキスパートである大城先生によれば、私の心臓がかなり悪い状態になっており、これ以上、高い地点……つまり酸素が薄いところに行けば停止する可能性が高まるという。

気力、体力ともに自信のあった**私にとって、ドクターストップはあまりに予想外の出来事だった。**「大丈夫、大丈夫。問題ない」と返した。

しかし、豪太は「ドクターストップとなったうえで、僕が登山をすすめるわけにはいきません。大城先生も同じです」とキッパリ言った。

なんとしても登頂したかった私は、目をつむり、押し黙っていた。自分から何も発しないことで、しびれを切らした豪太が「じゃあ、一日様子を見てから結論を出そう」というような何らかの譲歩案を提示してくるのではないかと考えたのだ。

どんよりと重苦しい空気がテント内を支配し、それが長く続いた。息が詰まるような時間だった。

30分ほどが経過した。沈黙を破ったのは豪太だ。

「お父さんの〝登頂したい〟という強い意志は死なないと思う。でも、今の肉体には限界が迫っている。お父さんの気持ちが山頂に行けても、肉体が終わってしまったら、身体だけが僕たちの目の前に残されてしまったら、僕はすごく残念です。たぶん、自分を絶対に許せないでしょう」

我が息子の目は涙でうるんでいた。私には下山を決意する以外の選択肢はなかった。

‥‥人間はひとりでは生きていけない‥‥

下山する途中も、帰国してからも、いろいろな葛藤（かっとう）はあった。人間の心理というのは不思議なものだ。相反する感情が入り交じることもある。

「登れる自信はあった」という悔しい思いはしばらく心に残っていた。アコンカグアの山頂の風景を見たかった。登頂を成し遂げ、「やったぞ！」と豪太や仲間たちと喜びを分かち合いたかった。

その一方で、「下山の判断は正しかった」という思いも強い。

私にもしものことがあったら、大城先生の立場はどうなるのか？　遠征隊のメンバーはどれだけ後味の悪い思いをするのか？　標高６０００mを超えた高地で私が倒れることで、みんなを巻き添えにしてしまうかもしれない。遠征隊の一員としては、あれでよかったのだ。生きて帰ることができれば、また新たな挑戦ができる。

私はこれまでに、「７大陸の最高峰をスキーで滑りたい」「エベレストに登りたい」「アコンカグアにチャレンジしたい」と大きな目標を掲げ、それを実現するにはどうすればいいか一生懸命に知恵を絞り、行動し、前進してきた。

ただ、**誰であれ、人間は自分ひとりの力だけでは生きていけない。私の冒険も人生も、つねに誰かに支えられ、助けられてきた**のである。

とくに、３人の子どもたちが大人になってからは、一緒に楽しみながら力を貸してくれるようになった。

長女の恵美里は、歴史のあるヨットレースの世界大会「アメリカズカップ」に日本のチームが出場した際にマネジメントを担当してきた経歴を持っている。そのキャリアをいかして、私の冒険の全体を取り仕切っている。また、雑務をこなしながらしっかりと三浦家の舵を取ってくれている。

長男の雄大は元アルペンスキーの選手だが、その後はコンピューターに興味を持ち、ＩＴ関連のいくつかの資格を取得した。今はセキュリティ対策のスペシャリスト兼責任者として大企業に勤務している。その能力を生かし、遠征時はベースキャンプで通信隊長のような役割を果たす。組織のなかで新たな可能性を広げながら活躍しつつ、私たちの生活を便利にしてくれている。

モーグルのオリンピック選手だった次男の豪太は、私の70歳でのエベレスト挑戦以降、冒険のパートナーである。また、アメリカの大学で運動生理学を専攻し、その後は順天堂大学大学院にて、抗加齢医学の第一人者・白澤卓二教授に学んだ医学博士でもある。いつも私にさまざまなチャンスを作ってくれる。

子どもたちのサポートは本当に心強いが、一方で**私は家族以外の人たちにも支えられている。**冒険においては、山岳経験豊富な遠征隊メンバー、地元のシェルパや登山ガイド、資金を援助してくれるスポンサー、いずれの存在も不可欠だ。医療関係者にも大変にお世話になっている。

関わってくれた人全員がひとつのチームなのだ。

この後に詳しく綴るが、アコンカグア遠征から帰国後、私の人生は予想外の局面を迎え、一時は希望を失ってもおかしくない状況に置かれた。

だが、そうなってもなお、私は目標を掲げ、そのために自らが行動し、チームに支えられながら力いっぱい前進している。

何歳になっても前進！ 90歳に向けて、新たな目標を設定

アコンカグア遠征から帰国後、しばらくは、〝ドクターストップがなければ登れたはずだ〟と、頭をよぎることもあった。しかし、後ろを振り返ってばかりいても仕方がない。南米最高峰への登頂がならなかった私は、86歳にして「ここはゴールではなく、新たな冒険へのスタート地点だ」と気持ちを切り替えることにした。

「人生100年時代」という言葉を耳にするようになった。**どうせ100歳まで生かされるのなら、最後まで生き生きと、力いっぱい過ごしたいものだ。**

極めて身近なところに理想的なお手本がいた。山岳スキーヤーで山岳カメラマンでもあった私の父、三浦敬三は99歳のときにフランスのモンブラン山系のヴァレブランシュ氷河からのスキー滑降を実現させている。パートナー、つまり私の母を亡くしてからも、２００６年に１０１歳で永眠する直前まで人生をめいっぱい楽しんだ。我がオヤジを思えば86歳はまだまだである。時間はたっぷりある。

私は、アコンカグア遠征を取り上げてくれたテレビ番組に出演した際、「今回アコンカグアに登らなかったことによって、90歳でエベレストに登れることを確信した」と口にし、自分を鼓舞した。今振り返ると、筋が通った理屈ではないかもしれない。チベットの山岳会が75歳以上のヒマラヤへの入山を認めていないという壁もある。

しかし、**私はいつもそのときどきで自分が目指せる最高のことを考えていたい。**

あのとき、最高の目標は90歳のエベレストだったのだ。ネパール側からであれば90歳の登山申請が可能かもしれない。

標高８８４８ｍのエベレスト山頂、地球のテッペンの神々しい風景をもう一度、この目で見たい。86歳だった私は、漠然とではあるが心から思っていた。

再挑戦 3

脳梗塞で暗雲に覆われ、コロナ禍にも見舞われて……

70歳を過ぎてからの大きなプロジェクトは主に5年単位で遂行してきた。5年のうち2年間ぐらいは講演会などの仕事をしながらも休息期間に充て、残る3年で身体を仕上げ、具体的な準備を進めるのが基本パターンであり、適度なペースだった。

アコンカグア遠征からの帰国は2019年1月。以後は休息期間に入った。もっとも、その頃はメディア出演や講演の予定も途切れず、あまり休息ともいえなかったが。

そんななかで、私は自らの身体の異変に気づいていた。遠征時から続いていたむくみが引かず、また、頭がふらつくことが頻繁にあったのだ。血圧も高かった。

４月のある日、札幌の自宅にいた私は、いつも以上に激しいめまいを自覚した。身体がかなり不調であり、バランス感覚を失っている。

さっそく、北海道大野記念病院（以下：大野病院）で検査を受けた。ここは、アコンカグア遠征で私をサポートしてくれた国際山岳医の大城和恵先生がいる病院だ。

検査の結果、「脳梗塞」だと診断された。

診断される前、自分自身でも「これは脳のなかの問題じゃないか」と思っていた。

脳梗塞とはつまり、脳の動脈が閉塞することで血液の流れがストップし脳が壊死してしまうことである。死亡率は10％程度らしいが、半身が動かなくなるような麻痺や言語障がいなど重い後遺症を患う可能性もあるという。

幸い私は「ラクナ梗塞」という小さな梗塞だったため、最悪の事態は避けられた。早く気づいて病院に駆け込んだのがよかったのだろう。診断が出たときはそれを素直に受け入れた。そして、**入院治療中は「まだ86歳。なんとかこれを回復して自分のやりたいことをやれるようにしよう。治してみよう」とそんなことを考えていた。**

2週間の入院を経て、血栓防止の薬、血圧を下げる薬を飲み続けることで5月には講演会やメディア出演など仕事に復帰した。夏は好きなゴルフも楽しんだ。もとの生活に戻ることができたのである。11月には中国に渡り、上海で講演を行った。

〝感染症で中国が大変なことになっている〟というニュースを頻繁に耳にするようになったのはそれから間もなくのことだった。

コロナ禍初期はトレーニングをしていた

2020年になると、新型コロナウイルスの感染拡大は各国に広がっていった。人類が思わぬ危機に見舞われたのだ。

ただ、思い起こしてみると、日本では2月中頃までは多くの人が普通の生活をしていたのではないか。私もホームゲレンデであるサッポロテイネスキー場で黙々とスキーをやっていた。いつものスキーシーズンを過ごしていたのだ。あの頃は、まだ周りの人たちもあまりマスクをしていなかったように記憶している。

ところが、2月下旬になると国内にも感染者が増え、周囲の状況も一変した。私の3月以降の仕事の予定も軒並みキャンセルとなった。未知のウイルスにより人々は不安な毎日を過ごすことになった。誰もが暗い気持ちにならざるを得なかっただろう。

そんなコロナ禍1年目の春、私と妻は、豪太とその家族が住む神奈川県の逗子(ずし)に滞在していた。三浦半島の西側に位置する逗子は相模(さがみ)湾に面した風光明媚な地域だ。海が間近にあり、開放感にあふれ、自然もたっぷり。私も大好きなところだ。

そして、豪太の家の近くにある蘆花(ろか)記念公園周辺は、体力維持に適した環境である。標高１００ｍほどの小さな山があるのだ。

山では感染の心配もない。そこを1日に2往復、3往復するのはいいトレーニングになった。

北海道や東京都、神奈川県の緊急事態宣言が解除された5月下旬、妻と北海道に戻った。その後、札幌の藻岩(もいわ)山で山歩きをしたこともよく覚えている。思えば、あの頃が私が全身を自由自在に動かすことのできた、今のところ最後の時間だった。

難病に倒れ身体の自由を失うことで、私の〝新しい挑戦〟が始まった

新型コロナの感染拡大はますます深刻になり、テレビでは連日連夜、そのことを時間をかけて伝えていた。

2020年6月3日の明け方のことだ。苦しさに目が覚めた私は、下半身の痺(しび)れで身体を動かせないことを自覚する。

病気の経験は人並み以上にある私だがこんなことは初めてだ。自分の身体に何が起こったのか、さっぱりわからなかった。

ただ、深刻な事態であることは理解できた。

その頃、脳梗塞から１年後の検診に付き添うため、札幌にある私の自宅に泊まりに来ていた豪太に呼びかけ、状況を知らせた。

救急車で病院に搬送された私は、いくつかの精密検査を受けた結果「頸髄（けいずい）硬膜外血腫」と診断される。

頸髄とは首にある、手指、腕を司る神経だ。その頸髄の膜が破れ、流れた血が血栓となり神経を圧迫しているようなのだ。

苦しく、つらかったこと以外はあまり覚えていない。このときの詳細は次章で豪太が書いてくれるだろう。

頸髄硬膜外血腫は１００万人に１人という珍しいもので、例が少ないだけにわかっていないことも多いらしい。

１００万人に１人とは、宝くじに当たるような確率だが、そんな冗談を言っている場合ではなかった。血腫を取り除く緊急手術を受け、そのまま入院生活となった。

こうして、私の新しい挑戦が始まった。

絶望の淵に立ち、人生で初めて弱音を吐いた日

私のような年齢で頸髄(けいずい)硬膜外血腫を患った場合、完全にもとの状態に戻れない可能性があるとのことだった。もう歩けないだろうと。

とにかく手足が動かない。痺(しび)れと痛みがひどい。

２０２０年６月、世の中では外出自粛が叫ばれていたようだが、私は外出したくてもできなかった。身体に力がまったく入らず、ステイホームせざるを得なかったのだ。

子どもの頃から野山を駆けずり回るのが好きで、大人になると〝冒険家〟と名乗り、世界の山々に登り、雪の上をスキーで滑ってきた。そんな私が、人生で最悪のコンディションに陥った。

手術後、**私は妻に激励されると、このように答えた。「頑張りようがないんだ」。確かにそれは本音だった。**身体が思うように動かないことで「頑張りようがない」という言葉が出てきたのだ。だが、ネガティブな気持ちでいた期間は短かった。

少し時間が経って、微かではあるが最悪の状態を脱した感じがした。回復の兆しを実感したのだ。この小さな小さな一歩が力に変わってきた。自分のなかに芽生えた、「ここからまた前進したい」という思いがゆっくりと成長していく、そのような状態だった。

……「リハビリ次第」なら、できることを全部やろう……

入院してから10日間ぐらいは右半身の状態がよくなかったが、徐々に右手右足も動くようになった。そんな頃、子どもたちがリハビリの長期的なプランを練ってくれていた。少しでももとの状態に近づけようと前向きに取り組んでくれた。

私はこれまで、自分が進むべき道は自分で決めてきた。しかし、アコンカグアでは、健康管理をゆだねていた豪太や大城先生の進言により下山を決めた。それは、私がふたりを信頼していたからである。あれが、高齢の私がさらに前に進むための分岐点だったのかもしれない。

そして、頸髄硬膜外血腫に倒れた**87歳の私は、子どもたちや周囲の人たちに多くをゆだねた。**我が家のホームドクターであり、スポーツ整形外科の第一人者であるNTT東日本札幌病院（以下：NTT病院）の井上雅之先生をはじめ、信頼できる人にゆだねつつ、自分自身が前向きに頑張れば、再び立ち上がり、また歩いていくことができると信じていた。

ドクターは「リハビリ次第」だという。ならば諦めずにリハビリに励もう。今の状態をなんとか脱して、ともかく富士山にでも登れるぐらいに復活したい。

一方で、歩くことはおろか、立つこともできない状態で、回復までは相当長くかかるのだろうという覚悟もあった。長い時間、この状態と向き合う必要があるのだろう。

長丁場になってもいい。とにかく、できることはすべてやっていこうと決めた。

再挑戦 6

大病・重病からの復活には、「可能性」を楽しむことが必要だ

リハビリにやる気十分だった私だが、やはり頸髄（けいずい）硬膜外血腫というのは甘い相手ではなかった。

手の指先の感覚、足の感覚はしばらくなかった。足に力が入らない。動かすことはできるが歩くことができない。また、上半身を90度曲げることができないのも堪（こた）えた。寝ている姿勢から起き上がることができない状態は１か月半程度は続いただろうか。

１年半ほど前には標高６９６１ｍのアコンカグアに挑戦した私だったが、そのときは「起き上がること」「歩くこと」が最大の目標となった。

コロナ禍もあり、家族に会えなかったり、病院から抜け出すことができなかったり、まあ状況はそれなりに厳しい時期であったかもしれない。

しかし、この先、自分で歩けるようになれば、いろいろとやりたいことがある。再び歩けるようになるという可能性を心から楽しみ、期待した。

そんな思いがリハビリを頑張る活力の源になった。**「可能性」を楽しむことで、コロナの状況はあまり苦にはならなかった。**

リハビリには、札幌の北東、美唄市にある北海道せき損センターの環境がベストだということで、子どもたちがそこに移る段取りを進めてくれた。

ただ、ここでひとつの壁があった。北海道せき損センターが私を受け入れるには、心臓の状態に不安が残るので、ペースメーカーを埋める必要が生まれたのだ。

そこで、7月に大野病院に戻りペースメーカー手術を受けた。不整脈を患い、心臓手術歴は人一倍豊富な私だが、ペースメーカーを埋めることには抵抗があった。自分の身体のなかに機械を入れるというのは想像ができなかった。

しかし、いざ手術を受けてみると、なんだか、我が心臓が普通の自転車から電動アシスト自転車になったような気分になった。ものは考えようなのだ。

8月に北海道せき損センターでのリハビリに励んだ私は、9月にはＮＴＴ病院に移り、日常生活に戻るためのリハビリを強化し、11月には仕事に復帰した。

といっても、病院から外に出たのではない。オンラインで講演をしたのだ。

２０２０年は、リモートワーク、テレワークが推奨された年である。便利な世の中になったもので、会社に行かなくても自宅で仕事ができるようなったらしい。

頸髄硬膜外血腫で倒れてから5か月。私は文明の進化により入院中に講演することができた。仕事復帰できたことは大きな自信となった。

その後はＮＴＴ病院から有料老人ホーム　らくら宮の森（以下：「らくら」）に移り、12月には連日のようにリハビリを重ねた。これは社会復帰に向けての一時的な手段であり、終の棲家として老人ホームを選んだのではなかった。

そのとき、私は5段階ある要介護度のうち、上から2番めに重い**〝要介護4〟に認**

定された。

だが、介護を受けることにまったく抵抗はなかった。むしろ、ありがたく思った。自分の能力や行動範囲がどんどん小さくなってしまったが、介護を通じてまた新たなスタートをきることができる。介護は「なにかをやってみよう」という希望につながるものだと考えたのだ。

要介護4から、老人ホームを出て東京オリンピックの聖火ランナーに！

皆さんご存じのように、２０２０年に予定されていた東京オリンピックはコロナ禍により1年延期となった。

私は当初、聖火ランナーの大役を仰せつかっていたのだが、その話も延期に伴い保留になる。もし、予定どおり２０２０年に行われていたら断るしかなかっただろう。

リハビリをしていた私には、〝延期になったのなら、オリンピック開催までに再び身体を動かせるようになって、なんとしても聖火ランナーの役割を果たしたい〟という思いがあった。

２０２１年３月、そんな私のもとに「聖火リレーに参加することは可能ですか？」という東京オリンピック聖火ランナー担当部門からの確認連絡がきた。

これまで、私はつねに大きな目標を掲げて、そのために小さな目標を一歩一歩クリアしながら、周囲に支えられて前進してきた。要介護４となってもそれは同じだった。**オリンピックの聖火リレーは、私を高ぶらせてくれる目標だった。**しかも、舞台として組織委員会が用意してくれたのは富士山五合目だ。考えただけでやる気が出る。なんとしても聖火を富士山五合目に灯(とも)したい。

リハビリの効果もあり、一時は起き上がることもままならなかった私も、その頃にはようやく歩けるようになっていた。しかし、あくまで10ｍ、15ｍと、少しずつ距離を伸ばしている段階だった。ところが、聖火リレーの距離は１５０ｍである。**要介護４となった私にとって、１５０ｍの距離を歩くことは、かつてのエベレスト登頂を目指したチャレンジに匹敵する大きな目標**だともいえた。

２０２１年６月、私は標高２３００ｍの富士山五合目にいた。残念ながら濃霧で美

豪太のサポートで聖火リレーに臨む

前日に現地を視察。ふたりでポーズをとる

当日、出発直前でやや緊張した様子

しい山容は見えない。だが、私の心はじつに晴れ晴れとしたものだった。

横には豪太がサポートに付いてくれた。右手にはトーチを掲げ、左には登山用のストックを持って一歩一歩、踏みしめるように歩いた。１５０ｍはとてつもなく長い距離のようにも、ほんの短い区間のようにも感じられた。

富士山は日本のシンボルであり、私も昔から大好きである。ずっとその存在に勇気づけられてきた。これまでに40回ほど登頂したし、スキーで直滑降したこともある。そこでオリンピックの聖火を運べるとはなんとも誇らしかった。

人生にはいつ何時も、思わぬ、予想もつかないアクシデントが起きるものだ。私にとっては１００万人に１人の頸髄（けいずい）硬膜外血腫の発症がそうだし、人類全体で考えれば新型コロナウイルス感染症が典型的な例だろう。

しかし、何事にも負けない気持ちを持ち続け、壁を乗り越えられると信じて、**諦めずに前進していけば必ず道は拓（ひら）ける。**大役を果たすことができた私は、そんなことを考えた。

高齢になっても“冒険”はできる！

第2章

父・雄一郎の復活プログラム

三浦豪太

南米最高峰・アコンカグアへの追想。下山の判断は正しかったのか？

この章では、三浦雄一郎の次男である三浦豪太が、アコンカグア遠征以降、父の身に起きた出来事を家族の目線で書いていきたい。

第1章で父も書いているが、アコンカグア挑戦は必ずしも100%の成功とはいえなかった。父が登頂することなく、ドクターストップにより下山となったからだ。テントのなかでの僕と山岳医の大城先生の説得により、父もしぶしぶ下りる決意をした。

父は絶対に登ると心に決めていた。登頂できるという実感も湧いていたのだと思う。

しかし、客観的な視点で非常に危ないということで、生きて帰るために下山を選択せざるを得なくなった。言い方を変えれば、父自身が体力の限界を感じてギブアップしたのではなく、第三者の判断で下りることになった。

大城先生は父を止めるために隊に参加していたのではない。ひとりのアルピニストとしては父の登頂を心より願っていたはずだ。しかし、医師としての立場が、それ以上登ることを許さなかった。

テントの外で「もうダメですかね？」と質問したら「もうダメですね」と答えた。「結構、悪いんですか？」と続けたら「もう、２日前の時点からかなり悪くなっています。もっと早く下ろすべきだった」と。そうなったら、**遠征隊の副隊長として、息子として、僕は父を止めるしかなかった。**その判断は１００％正しかったと思う。

ただ、帰国して時間が経つにつれて、「もし、あのとき下山せずに、登頂を目指したらどうなっていたのだろうか？」と考えるようにもなっていた。

"86歳での脳梗塞"が大事に至らず、復帰してスキーを楽しめた理由

2019年1月、アコンカグア遠征からの帰国後、父は「90歳でのエベレスト挑戦」を口にし始めていた。

ひとつの遠征が終わると、次の冒険をすぐに掲げるというのはこれまでと同じパターンだ。冒険家を職業にしている以上、父にとっては当たり前のことである。同時に**父はそうやって高齢になっても元気を維持してきた。**

ただ、父が「90歳でのエベレスト挑戦」を口にしていた期間は短かった。4月に脳梗塞と診断されたからである。

「めまいがする。きっと脳の問題だ」とうったえ、姉と一緒に大野病院に行ったことで脳梗塞だとわかったのだ。

脳梗塞にはふたつのタイプがある。脳の血管が動脈硬化により狭くなることで起きる「脳血栓」と、心臓等にできた血栓が脳の血管に流れて詰まる「脳塞栓」だ。このうち、父が診断されたのは「脳血栓」であり、そのなかでも脳の深部を流れている細い血管が詰まってしまうことで起こる脳梗塞「ラクナ梗塞」だった。

これは、頭にメスを入れるようなものではなく、薬での治療により回復することが多い。なお、「ラクナ」とはラテン語で「小さなくぼみ」といった意味だ。冗談が好きな父はこれを「〝楽な〟梗塞だ」と言っていた。そのぐらいの余裕があった。

早めに病院に駆け込んだことで大事に至らなかった。86歳の高齢者が脳梗塞となれば、それだけでシリアスな事態だといえるが、父の場合、「検査してみたら脳梗塞だった」――といった感じだった。ただ、ふらつきの症状は残った。

２０１９年末からのスキーシーズンはいつものようにスキーを楽しんだ父だったが

滑りは本調子ではなかった。本人は「なんだか、左足にあんまり力が入らない」と言っていた。確かに滑りをみてみると、左足の板のポジションがベストではない。ホームゲレンデであるサッポロテイネスキー場では、転倒した父を助けてくださった方もいた。馴染みのカメラマンに滑りを撮影してもらったときも、上手くスキーに乗れず暴走してしまったこともあった。

少なからず、脳梗塞の後遺症はあったような気がする。

復活3

パンデミックという危機的状況も、父は「力を蓄える貴重な時間」と考えた

２０２０年１月以降、新型コロナウイルス感染症により、世界中がパニック状態に陥った。

記録を調べてみると、日本で初めての感染者が報告されたのは１月15日のことだ。２月中旬あたりから人が多く集まるイベントなどの中止が相次ぎ、全国の小中学校が臨時休校になったのは３月２日。ドラッグストアにはマスクや消毒用のアルコールを求める人たちが殺到し、至るところにアクリルパネルが設置された。

３月24日には同年８月に予定された東京オリンピックの延期が発表され、父も僕も

予定されていたスケジュールがことごとくキャンセルになった。埼玉県、千葉県、東京都、神奈川県、大阪府、兵庫県、福岡県の7都府県に緊急事態宣言が発出され、「ステイホーム」が呼びかけられた。

家から飛び出し、野外で活動することが家業のような我が三浦家も、自宅待機の日々を過ごした。

コロナ禍の初期はスキーシーズン中だったので、僕が札幌にいた時期だった。

当時、世の中の状況を案じながらも、父は自身の置かれた立場を達観し「いい休みができた」と冗談半分で言っていた。

父は基本的に**何が起きても、悲観したり、動揺したり、激昂したりはしない。コロナ禍の状況も、いろんな状況のうちのひとつ**だという捉え方だった。

大自然のなかでは、自分ひとりの力では、いや人間の力ではどうすることもできないことの連続だ。

たとえばエベレストでは、大きな嵐が来たときは、その嵐が過ぎ去るまでテントのなかで、何日もやり過ごさなければならないこともある。**自分の力ではどうすることもできないとき、父は力を蓄える貴重な時間だと前向きに考える。**それと同じだったのだろう。

なかなか難しいが、そうした気の持ち方は僕も見習いたいと思っている。

といっても、90年近く生きてきた父にとっても、ここまで大規模なパンデミックというのは初めての体験だろう。海外への渡航も制限されたことで、90歳のエベレスト挑戦の現実性はますます薄れ、目標がぼやけていたのは確かだった。

緊急事態宣言が出た頃、僕が住む逗子(ずし)に滞在していた父は、近くの山に登ってトレーニングをしたり、三浦家のルーツを辿って三浦半島の歴史散歩をしたりと、感染拡大に配慮しながらも野外活動をしていた。

その後、札幌に帰ってからも藻岩山(もいわやま)に登るなど、自由に身体を動かしていた。そこから、状況が一変したのは6月3日の早朝だった。

緊急搬送、手術、入院……でも父はまだ生きている。リハビリだ！

そのとき僕は、父の検診に付き添うためにたまたま札幌の両親の家に来ていた。深夜3時半頃、大きなテレビの音がして目を覚ました。父の仕業だろう。高齢者にありがちなことだろうが、父はいつも大きな音でテレビを観る。好きな相撲中継も「はっけよ〜い」「残った！ 残った！」と行事の声が大音量だ。また、夜中に目を覚ましてしまい、寝つけないときはテレビを観ていることもしばしばあった。別の部屋で寝ていた僕はそのときも、「まったく迷惑だなあ」と目をこすって、頭から布団をかぶった。

だが、どうも様子がおかしい。テレビの音がいつもの大音量よりもさらに大きいのだ。いくらなんでも大きすぎる。それでもなんとか眠ろうとしていると、遠くから何やら声が聞こえる。

父が呼んでいるのだ。

「お〜い。お〜いい」

結果的にはテレビの音を大きくすることで、その声に僕が気がつくのが遅くなったのだが、それが父が僕を起こすためにできる精一杯のことだった。

そのとき、父は身体に力が入らなくなっていたのだから。

父のうめき声に気づいた僕が様子を見に行ったのは4時頃。全身が痺（しび）れ、動かないという。すぐに救急車を呼んだ。幸い、大城先生が勤務する大野病院で受け入れてくれるということで、そこに父は救急搬送された。

その日は、ラクナ梗塞から1年経って大野病院で検診がある日だった。僕は当初、脳梗塞を疑った。それも悪いかたちで再発したと。ところが脳のMRIをとっても異常ナシだった。

そこで次に、首のところにある神経「頸髄（けいずい）」を診ることになった。すると、大城先生がちょっと異常があることを発見した。だが、大野病院は頸髄は専門ではない。そこで、国立病院機構 北海道医療センター（以下：北海道医療センター）に慌ただしく移り、そこで**「頸髄硬膜外血腫」という病名であることがわかった。**

僕も初めて耳にするものだった。それもそのはずで100万人に1人の珍しい症例だという。父も書いていると思うが、「頸髄硬膜外血腫」は頸髄の膜が破れて血液が流れてできた血腫が、神経を圧迫する状態だとか。その日の昼すぎから夜にかけて、父は血腫を取り除く手術を受け、そのまま入院生活に入った。

まだコロナワクチンも開発されていない時期だったので、家族の付き添いも制限された。あの頃の医療機関の緊迫感というのは、本当に緊急事態を感じるものだった。

一方、父が入院することで、我が家にはもうひとつ深刻な問題が浮上した。

父はある意味で安心だ。病院にいる以上、24時間、何かあったらすぐに最善の措置が約束されている。

問題は自宅にひとり残される母である。父と同じ年齢の母は、普通に生活できるもののわずかに認知症の傾向もみられる。また、そのことで物事が思いどおりにならずイライラすることも多いようだ。さらに、複雑骨折をした経緯から両膝が人工関節であり、歩行に障がいもある。

そんな母が自分でクルマの運転をしたいと主張する。「私は大丈夫だ」と。札幌の生活では自動車に頼らざるを得ないという母の気持ちもわかるが、もちろん、怖くてとてもハンドルを握らせることはできない。

そこで、コロナ禍の環境に配慮しつつも、神奈川に住む僕と、東京に住む姉と兄、3人でローテーションを組んで札幌の母の面倒をみることにした。

また、病院の方にお願いして父には動画でメッセージを送るなどしていた。あの息苦しい2020年の夏のことだった。

‥‥生まれて初めて見た父の弱気な姿‥‥

父は手術から3～4日後あたりがもっともきつかったらしい。ようやく面会が許された母が「元気出して」と声をかけたら「頑張りようがないんだ」と答えていた。

その模様は病院のスタッフの方が動画に撮って見せてくれたのだが、そんなネガティブな父の姿は信じられなかった。物心ついて半世紀になるが、あんなに弱気な三浦雄一郎の姿を見るのは初めてだった。

父は86歳のアコンカグア遠征から1年半後、おそらく人生で初めて経験するような〝苦しく、つらい状況〟に陥ったのだ。担当の医師いわく、父の年齢なら完全に回復するとは限らないとのことだった。少なからず影響が出るだろうと。

だが、父はそこで諦めなかった。僕たち家族もそうだった。

頸髄硬膜外血腫という病気についてよく調べてみた。すると、病状にはいろいろあり、その後は完全に回復している人から、寝たきりになっている人まで差があることがわかった。

「リハビリ次第ですね」と医師はいう。「だったら、父には有利だな」と思った。

これまで、父は骨折などでリハビリは何度も経験してきているし、起き上がれるようになる、歩けるようになる、といった目標を設定すれば頑張るだろう。骨盤と大腿骨の付け根を骨折した大変なときも、普通なら寝たきりになってもおかしくない状態だったのに、数年後にはエベレストに登っていたのだ。

うちの父なら今回も寝たきりにはならず、ある程度は回復するか、もしかすると完全回復もするかもしれない。

……なるようにしかならないときの考え方……

正直、病院に運ばれたときは、「オヤジもここまでか」という気持ちはゼロではなかった。しかし、「なるようにしかならないだろう」という開き直りもあった。

今までもなるようにしかならない状況は幾度も経験している。エベレストでは、標高８０００ｍを超え人間の生存が困難なほどに酸素濃度が低い〝デスゾーン〟で、悪天候により3日、4日、5日と待機を強いられたこともある。

これは別にエベレストに限らない。**人生においては、どんな人でも「なるようにしかならない状況」におかれることは何度かあるのではないか。そうなったら、その環境でできることをやるしかないだろう。**

ただ、父の場合は、歩くことも、立つこともできない状態だ。その状態で、復活するためのプランを自分でたて、随時、的確な判断をしていくのは極めて困難だ。そこで、姉の恵美里、兄の雄大、そして僕の3人が対策を講じていくことになった。

父と僕らきょうだいにとって、**できることはリハビリだった。100万人に1人の病気だとしても、最悪の事態は避けられた。父はまだ生きている。**

「リハビリ次第」ならば、できることをやっていこう。その点ではきょうだい3人とも考えは一致していた。

幸い、父にせん妄や意識が混濁するといったことはなかった。「リハビリ次第」だということを理解した父は、いつもの三浦雄一郎に戻っていた。

高齢になれば身体にガタはくる。リハビリへの向き合い方が人生を変える

父に少しでも元の状態に戻ってもらうには、リハビリの組み立てが勝負だった。それが、父の今後の人生を大きく左右するだろう。

医師と相談し、父の状況やリハビリの段階に応じて、いくつかの医療機関を転院しながら進めていくことにする。

緊急手術をしてそのまま入院していた北海道医療センターでは、ベッドから起き上がり立つということから始めている。ただし、当時はコロナ禍の真っ最中であり、僕らはリハビリの過程をつぶさにみることはできなかった。

ＮＴＴ病院の井上先生のアドバイスもあり、リハビリ計画において中核だと考えたのが美唄市にある北海道せき損センターだった。ここは、脊髄疾患患者の治癒と早期の社会復帰を図ることを大きな目的とし、脊髄損傷、頸椎損傷、外傷性骨折等の整形外科を主とした外科系病院である。

おそらく、地域により数に差はあっても、全国にこうした病院はあるだろう。病気、ケガを問わず、効率的なリハビリを考えるなら、通い慣れた病院に固執せずこのような**先進的な環境がある病院を選択肢に入れることが近道になる**のではないだろうか。

ただし、父の場合、ひとつ関門を越えなければならなかった。

父は以前より心臓が悪く、不整脈などの症状があった。そのため、何度も心臓の手術を受けている。７回か８回か、僕も途中で数えるのをやめてしまうほど、とにかく通常では考えられない回数だ。

現状では父の心臓の状態が悪すぎるので、北海道せき損センターで受け入れてもらえない可能性もあるということだったのだ。

そこで、心臓を診てもらっている大野病院で7月にペースメーカーを埋める手術を受けた。これで何回目か？　心臓手術回数の記録を更新した。

手術後、無事に転院できた北海道せき損センターでは、立ちながらどこまで耐えられるかということから始めた。また、2か月の入院で足が細くなってしまったのと、まだ痺（しび）れがおきていたので、歩行練習用のロボットを利用し、ガチャンガチャンと歩く訓練に取り組んだ。

ある程度のところまで行ったら、平行棒を使って少しは歩けるようになり、気がつくとそれがなくても大丈夫になっていた。

リハビリのテーマとしてはまず歩けるようになることが大きかったが、もうひとつ重要なテーマがあった。

尿道が閉まるか閉まらないか、骨盤底筋機能がもとに戻るか否か……つまり、おしっこをコントロールできるかどうかという問題だ。

そこは麻痺（まひ）と関連していて、徐々にもとのようにはコントロールができないということがわかってきた。そこはどうにもならないようだ。

でも、世の中には成人用紙おむつという便利なものがある。しかも、どんどん機能性は進化している。割り切っていくことにした。

…・病院でなくても、リハビリを続ける方法はある…・

美唄にある北海道せき損センターでのリハビリはとても効果があり、順調だった。しかし、父が札幌に戻りたがったため、以前より大変お世話になっている整形外科医・井上先生のいるＮＴＴ病院に移り、さらにリハビリを続けた。

ＮＴＴ病院では、歩くことだけではなく、座位から立つ、あるいは片足で立つ、立っている状態をキープするといったリハビリをいろいろと展開させていき、父はさらに回復していった。

ただ、あの当時、院内で新型コロナのクラスターが発生したら大変なことになっただろうし、父が感染した場合は重症化のリスクがそれなりに高かった。感染拡大対策として、リハビリ室が閉鎖されこともあった。２０２０年の9月から年末にかけて、医療現場はどこもそのような大変な状況だったと思う。

そんな頃、井上先生から退院をすすめられた。

いわゆる〝有料老人ホーム〟にいったん入って、新たに介護保険を使いながら、リハビリの仕組みを作るのがベターだとのこと。家族との面会がしやすい施設に入り、そこで、なるべくリハビリの回数を多くしたほうがいいだろうと。

介護保険制度は公的な保険制度で、65歳以上の要介護状態または要支援状態になった人が、介護サービスを利用した際に費用の一部を給付してもらえるものだ（65歳未満、40歳以上で「特定疾病」に該当する場合も適用される）。読者の皆さんのなかにも、利用されている方はいらっしゃるのではないか。介護保険制度の「要介護度」によって受けられるサービスは変わってくる。

介護保険を使えるのなら、経済的にもありがたい。

また、自由度が高い有料老人ホームを選べば、僕もリハビリを手伝うことができるようになる。

そこで、井上先生、ケアマネジャーさん、長野オリンピックのスピードスケート500m金メダリストの清水宏保さんが経営している「リボン」というリハビリを専門としている介護施設の理学療法士、トレーナー……いろいろな専門家と相談して、老人ホームに移ったあと、どのようにトレーニングをしてもらうかを決めていった。

父とエベレストに挑むときも、各部門のプロフェッショナルを集め、それぞれの知識や経験をもとに最善の道を導き出すというスタイルを僕らはやってきた。それと同じことだった。

プラン作りを進めていくと、頸髄（けいずい）を損傷した父の場合は医療保険の適用もあり、通常の介護認定の場合よりも多くのリハビリやマッサージを受けられることもわかった。

父が病院を出て介護保険を利用することで僕らのチームに新たに加わったケアマネジャーさんは大変に優秀な方だった。父が一時的に入った老人ホーム「らくら」のグループの方で、父が「らくら」を出てからもお世話になっている。

聖火リレーの再依頼があったとき、父は10m歩くのがやっとだった

父は２０２０年12月にコロナの状況をみながら札幌にある有料老人ホームである「らくら」に移った。これは、まだ自力で排便やベッドの寝起きができなかった父が、自宅に戻ることを前提とし、介護保険を使ったリハビリに取り組むための一時的な手段だった。

また、24時間介護が受けられる点や、病院と違って家族との面会、本人の外出や外泊も可能であることも魅力だった。

「らくら」に入るとき、父は厚生労働省が定める要介護認定において、「要介護４」だった。「要介護4」とは、寝たきりや認知症などでつねに介護を必要とする状態のこと。父は認知機能の低下はみられなかったが、ひとりでの日常生活は難しかったのだ。

元気の象徴のような存在だった冒険家、プロスキーヤーの**三浦雄一郎は、90歳を手前に要介護4で、一時的とはいえ老人ホームで生活するようになった。**

だが、父にはまだ命がある。本人も、僕らきょうだいも、ここから少しでももともとの状態に近づけるようにしようと、周囲の人たちの力を借りながらポジティブに取り組んだ。

父は柔軟な考え方をする人で、「老人ホームに入る」という状況を受け入れてくれた。本音をいえば、まったく抵抗がなかったわけではないだろうが、リハビリというテーマがあったからこそ、前向きに解釈し、僕たちの判断にゆだねようとしたのだろう。

「らくら」では週6日がリハビリというスケジュールだった。保険を使ったものが週に3日か4日。それ以外は、僕が手伝って自主的に取り組んだ。

届けを出せば外食することもできたので、父にとってはいい気分転換の時間を作ることもできた。また、外で肉をたくさん食べることは、リハビリを頑張った自分へのご褒美だと考えていたようだ。

何かを頑張るとき、そうしたご褒美があると張り合いが違う。父の場合は肉だ。そこは昔から変わっていない。

……やる気をかき立てた富士山五合目の聖火リレー……

２０２１年3月、延期になっていた東京オリンピックの聖火リレーに参加できるかどうかの確認の連絡をいただく。父はもちろんやる気満々だ。「引き受けます。私はやります」と返事をした。

ただし、聖火リレーの距離は１５０ｍ。その時点での父は10ｍ歩くのがやっとだった。つまりは、本番の6月に向けて、リハビリを急ピッチで進める必要があった。

明確な目標ができると、リハビリの進み具合がぜんぜん違う。父が集中して取り組んでいるのがよくわかった。

2月末に、久しぶりに札幌の自宅での生活を再開していた父は、ジムでのトレーニングをやり、理学療法士に来てもらってのリハビリに取り組んだ。それを繰り返していくと歩ける距離が延びてきた。トレーニングの成果が明確にあり、入院して体重が落ちていた父の筋力と体力がアップしていった。「これは行けるぞ」と確信を持ち始めたようだ。

その頃、**僕の生活にも大きなチェンジがあった。住み慣れた逗子を離れ、両親のいる札幌に転居した**のだ。

ひとりのスキーヤーとしてスキー場にもっと近い環境で生活したいという思いをずっと持っていた。また、親として3人の子どもたちも山やスキーが身近に感じられる土地で育てたいという理念も温めていた。

札幌に住めば仕事の幅を広げられつつ、両親をサポートできる。妻や子どもたちと相談し理解を得たうえで、僕は札幌に拠点を移した。

札幌市民となった僕は、旭山記念公園で150mの距離を測り、聖火のトーチと同じ重さのものを持った父と一緒に歩く練習も始めた。最初の頃は2回、3回と休みながらだった父だが、そのうち1回の休みでOKになり、ついには休まずにゴールできるようになった。

リハビリの成果により、三浦雄一郎は富士山の五合目で無事に聖火のトーチを掲げて歩くことができた。やはり、リハビリの組み立てをしっかりとやり、そして目標に向かって全力で挑んだからだろう。

父は「目標」が持つ力を以前から力説していたが、それがリハビリにおいても明確にかたちになったのだ。

だが、これは父だけに該当する話ではない。**リハビリに取り組んでいるすべての人が、目標を持つことで可能性を広げることができるのではないだろうか。**

聖火リレーの成功後、「次の目標は？」と問われた父の答えは「富士登山！」

東京オリンピックの聖火リレーは成功した。まったく歩くことができなかった父が、富士山の五合目で150mを歩ききったのだ。

すぐに、ちょっとした記者会見のような場があった。「次の目標はなんですか？」と当然のごとく聞かれる。

すると父は、「今日は五合目でなんとか150m歩きましたが、**次は富士山に登ってみたいです**」と答えた。いかにも父らしい返答だと思った。

しかし、2021年6月の父は150mが限界で、富士山に登ることなどまったく現実的ではなかった。ただ、富士山という大きな目標を持つことは父にとってプラスになる。

そこで、まず中間目標を定めることにした。そうして、父や僕のホームゲレンデであるサッポロテイネスキー場で、12月にスキーをやろうということになった。

しかし、そこから一気にリハビリに励み、身体はどんどんパワーアップしていった、さすが三浦雄一郎である……という話にはならない。

父は〝超人〟などと呼ばれることもあるが、人並みにサボり癖、怠け癖もある。6月から12月まで、半年という期間はちょっと長く、父も気持ちが切れることがあったのだ。結果、いろいろな数値はずっと右肩上がりにはならず、下がることもあった。

半年間の中間にあたる秋頃に「もうひとつの中間目標」を設定すべきだったと今は反省している。ただ、父が父たるゆえんは、数値が下がると「これはマズイ。また頑張ろう」と奮起して、最終的には帳尻を合わせることだ。

自分にとって**大きな目標を設定したとしても、そのために一直線に全力疾走するこ**

とは難しい。まして、高齢になればなおさらだ。目標に向けた頑張りにも、波があるということを前提に考えたほうがいいのだろう。

母の身に起きた重大な出来事

その頃、もうひとつの一大事があった。おそらく通常はそれだけで家族の気持ちが重くなるような出来事だ。

検査により、母が胃がん（ステージ2）を患っていることがわかったのだ。母は父と同じ年齢である。手術をすれば大事に至らないとのことだったが、やはり心配だ。また、入院生活はコロナ禍で見舞いもままならない。そのことが、認知症を進行させるのではないかという懸念もあった。

どんな状況でも、できることをやるしかない。父のときと同じだ。幸い母の手術は成功し、わずか2週間で退院することができた。認知症にもそれほど影響はなかった。

一方、幾度かの波はあったものの、秋が深まり冬が近づいてくると、父のやる気はどんどん高まっていった。母の病が大事にならなかったこともプラス材料だった。

2021年の12月、父はサッポロテイネスキー場の雪上に立ち、2本の足でスキー滑走することに成功する。もちろん、かつてのようなハイスピードで飛ばすことはできない。しかし、寝たきりになる可能性もあった人がスキーをできたのだから、大きな前進だ。父の顔も生き生きと輝いてみえた。一時に比べると肌艶（はだつや）もいい。

年が明けて2022年の1月、デュアルスキー（着座式スキー）のデモンストレーションイベントをひらいた（僕はデュアルスキーを操作する「パイロット」という資格を持っている）。

巻頭の9ページに写真が掲載されているが、デュアルスキーについて少し説明しておこう。ひとことで表現すれば、「スキーの技術がなくても座ったままで滑ることができるスキー」だ。背もたれのあるイスの下に2本のスキー板が付いている。後ろでもうひとりのスキーヤー（パイロット）がデュアルスキーを操作しながら滑る。

パラリンピックでおなじみのチェアスキーは自分で操作するもので、一定の滑走技術が求められる。初心者がいきなり滑るのはむずかしい。これに対し、デュアルスキーは「パイロット」がコントロールする。つまり、誰でもスキーの感覚を味わえる。

デモンストレーションイベントでは、父が座ったデュアルスキーを僕が操作した。僕の構想としては、父は自分の足で滑れるようになったので、今後はいざというときのバックアップとしてデュアルスキーを用いるつもりだ。

最初、父にこれがあれば足を自由に動かせなくてもスキーができるという説明をしたとき、父は「うん、そうか」と答えた。**父はあらゆる可能性を否定しない人なので、デュアルスキーを今後の選択肢のひとつという捉え方をしたのだと思う。**

ヨーロッパ大陸の最高峰であるロシアのエルブルース（標高５６４２ｍ）をデュアルスキーで滑ろうというプランももちかけた。エルブルースは上部までリフトで行けるので、父の状態でも可能だと思ったのだ。「それは世界初だろう。よし、エルブルースで滑ろう」と乗ってくるのが三浦雄一郎である。

だが、ロシアのウクライナ侵攻によりこの計画は無期延期となってしまった。

デュアルスキーとアウトドア用車椅子

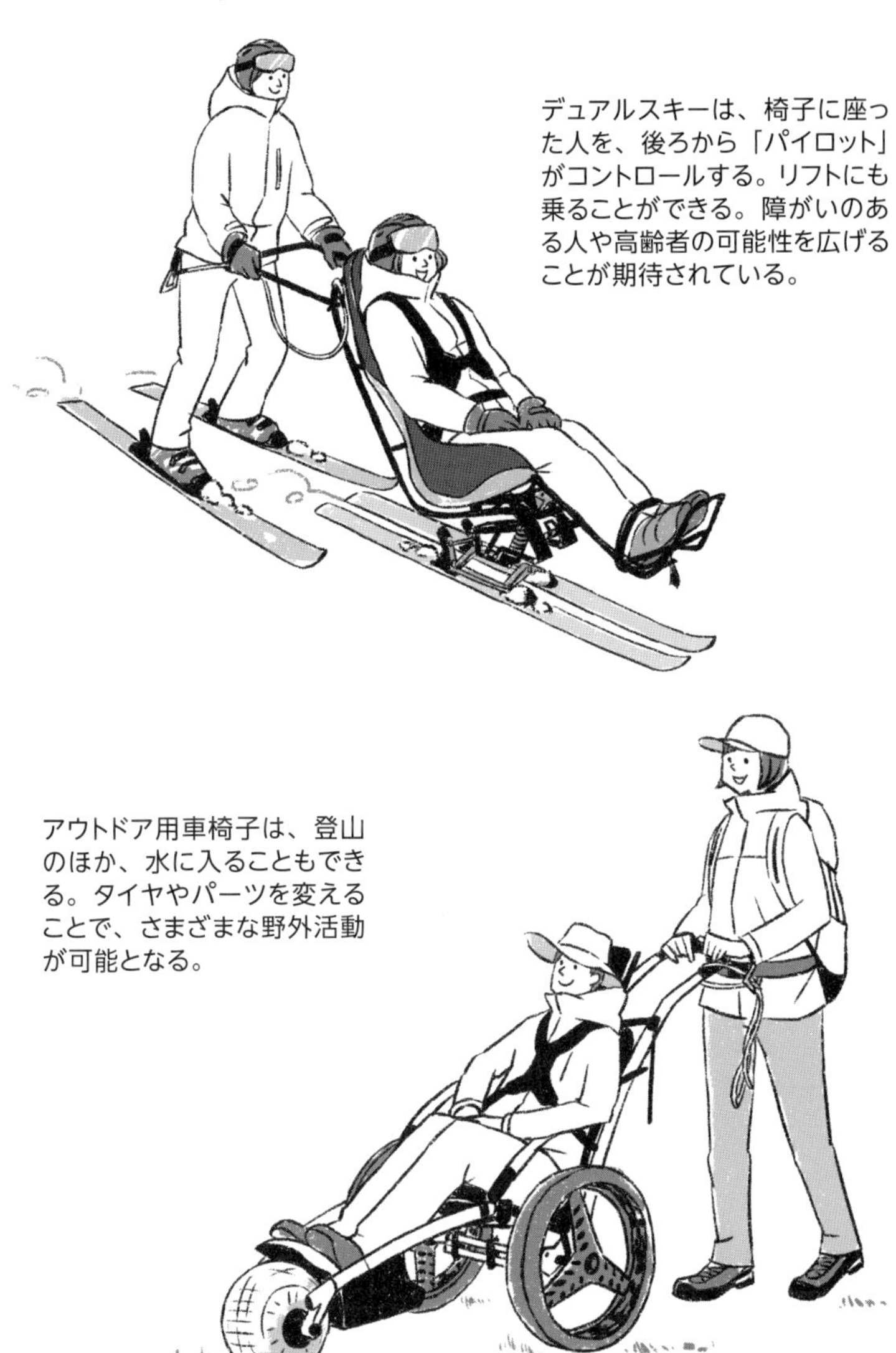

デュアルスキーは、椅子に座った人を、後ろから「パイロット」がコントロールする。リフトにも乗ることができる。障がいのある人や高齢者の可能性を広げることが期待されている。

アウトドア用車椅子は、登山のほか、水に入ることもできる。タイヤやパーツを変えることで、さまざまな野外活動が可能となる。

一難去ってまた一難。両親の介護と、幻に終わった北京オリンピック解説

２０２２年の2月、中国の北京で冬季オリンピックの開催が予定されていた。東京オリンピックは延期になったが、この大会は予定どおり行われることになった。モーグルのオリンピック代表選手だった僕は、冬季五輪の際に、フリースタイルスキー各種目のテレビ中継の解説の仕事をしている。事前に徹底的に取材した選手のデータを解説に織り交ぜることから、〝詳しすぎる解説〟といわれる。それが僕のスタイルだ。北京五輪に際しても、半年前からリサーチにリサーチを重ね、資料としてまとめていた。

今回は、とくにモーグルで日本選手がメダルを獲得する可能性が高かったので、僕は北京に行くことをとても楽しみにしていた。また、札幌に転居したものの、その前後も含めてスキーシーズンであるため僕は忙しく、姉や兄もスケジュール調整ができなかったので、1月～2月は両親を「らくら」に短期間、預かってもらうことにした。この有料老人ホームには「ショートステイ」というシステムもあるのだ。

このときは、ふたりが一緒に入れる部屋が空いてなかったことから夫婦で階が異なる別々の個室で過ごすことになった。母にとっては自宅を離れて、初めての老人ホームだった。

父は標高8000mのテントのなかで何泊もしている人なので、環境の変化にことさら強い。世界有数のレベルかもしれない。老人ホームでの暮らしにはあまり気乗りしないが、僕らにも迷惑をかけられない、仕方ないという理解だった。

ところが、認知症の傾向がみられる母はそうではなかった。住み慣れない個室での生活に、せん妄のような状態になってしまった。強制的に収容所のようなところに閉じ込められたように思ったようだ。昼夜問わずいろいろな人に電話をかけて、「私は捨てられた」「もう死にたい」とネガティブな話ばかりをするようになる。

「これ以上『らくら』にはいられない」と父から悲鳴があがった。仕方なく1週間で自宅に戻り、とりあえず北京に行くまでは僕が面倒をみることになった。

ところが、まさかの事態が発生する。**両親がコロナに感染してしまったのだ。**

ふたりとも高齢であり基礎疾患もある。すぐに入院となった。父は37度3分の熱が出たし、母は咳が止まらなかったが、幸い重症化はしなかった。それはとてもよかった。しかし、問題は濃厚接触者となった僕の状況である。中国のゼロコロナ政策もあり、入国がＮＧになってしまったのだ。

半年かけて作った膨大な資料は中継スタッフやアナウンサーの方に託し、男子モーグルで日本の堀島行真（ほりしまいくま）選手が銅メダルを獲得したシーンはテレビで観た。

結局、両親がコロナに感染することで、僕は北京に行けなくなり、皮肉にも世話をする人がいないという問題は解決した。なんだか訳がわからなくなった。

復活9

父・雄一郎と距離を置いていた僕は五輪出場後、魅力的な冒険に誘われた

ややグチっぽい話になったついでに、ちょっと脱線するが、僕と父・雄一郎の関わりについて書いておきたい。

僕は父と母の３番目の子どもとして１９６９年に生まれた。父がエベレストをスキーで直滑降する前年である。

だから、**物心ついた頃から、「あのエベレストを滑った三浦雄一郎の子ども」として見られることが多かった。そのことには抵抗がなかったといえば嘘になる。**姉の恵美里も、兄の雄大も同じようなことを言っていた。

一方で、成長していく過程で父の影響は存分に受けていた。幼い頃からスキーに親しみ、山を愛していたのだ。

そんな僕に自分だけの宝物のようなものがあった。それは、11歳の頃から北海道のテイネハイランドスキー場（現：サッポロテイネ）で覚えたモーグルだ。

モーグルはフリースタイルスキーの種目のひとつで、無数のコブが並ぶ斜面を滑り、途中2カ所に設置されているジャンプ台で飛び、空中で技を披露する採点競技だ。

14歳の頃、僕はモーグルの発祥の国であるアメリカに留学することを希望する。自分の力で好きなことに取り組みたいと思ったからだ。

また、**海外に行くことは〝三浦雄一郎の子ども〟という呪縛（じゅばく）からの脱出を意味していた。** 姉、兄ともにそれぞれ海外留学経験があり、のびのびやっているようにみえたことも影響している。そして、両親は僕を快くアメリカに送り出してくれた。

…… 自分の力でつかんだオリンピックへのチケット ……

渡米した僕は、バーモント州のジュニアハイスクール、ユタ州のハイスクールを経て、１９８８年にユタ大学に進学する。そして、地元のスキーチームにてモーグルに本格的に取り組んだ。以後数シーズン、大会で実績を重ねた結果、１９９１年にモーグルの日本代表チームに入ることができた。代表チームに入ればオリンピック、世界選手権、ワールドカップなど国際大会へ出場できるチャンスが得られる。

三浦雄一郎の子どもだからではなく、自分の力で権利をつかんだのだ。こうして**モーグルは僕のアイデンティティ確立のうえで大切なものとなった。**

20歳を過ぎた僕の最大の目標は、１９９４年にノルウェーのリレハンメルで行われる冬季五輪に出場することだった。そして、オリンピック代表の選考レースにて日本の男子選手でトップの順位を獲得した僕は代表に選出された。

五輪前に家族が壮行会を開いてくれた。祖父の三浦敬三は「豪太は三浦家の誉れだ」と大喜びだ。父も心から嬉しそうだった。それは僕にとっても喜ばしいことだった反面、モーグルは三浦家のものではなく、僕自身のものであり、一緒に戦ったチームメイトたちと共有していたいものだという思いもあった。

なお、リレハンメルでの結果は27位と予選落ちだったが、その後、チームメイトと切磋琢磨(せっさたくま)していった**僕は、4年後の長野五輪にも出場するチャンスをつかんだ。**自国開催のオリンピックに出られることは、アスリートとしてもとてもラッキーだった。

今度は決勝に進出し、日本の男子選手最高の13位。会場で応援してくれた父も「よくやった」と褒(ほ)めてくれた。

長野オリンピックのモーグルといえば、女子の里谷多英選手が金メダルを獲得したことをご記憶の方も多いだろう。金メダルが決まったあと、僕が彼女を担ぎ上げた写真は新聞の一面に大きく掲載された。懐かしい思い出だ。

････離れていた父との関係を再構築する････

1999年にモーグルを引退した僕はユタ大学に戻り、運動生理学の勉強をした。やがて、卒業後の進路について考える時期が来る。選手時代はワクワクする高揚感の連続だった。それを忘れられない僕は、同じような体験ができる何かを探していた。

そのとき、目の前に魅力的な〝求人情報〟が示された。

父に「70歳のときにエベレストにチャレンジしたいんだ」「一緒にエベレストを目指そう」という話を聞かされたのだ。

エベレスト、世界最高峰……。

それは、まさに僕が求めているものだったのだ。こうして、**しばらく距離が離れていた父との関係を再構築し、僕は自ら望んで父のパートナーとなる。**やがて、その活動が僕の人生の大きな要素を占めるようになった。

２００３年に、70歳の父と初めてエベレストに登頂したときのことは今でも鮮明に覚えている。

気がつけば、あれから20年以上の時間が経過した。その間に妻と結婚した僕は、３人の子どもを育てる立場となった。長男は来年には高校生になる。

「きょうだいローテーション介護」の限界。前向きに、高齢者住宅への入居へ……

話を戻そう。僕が北京に行くことを前提に両親が「らくら」にお世話になったときに、母が環境の変化には弱いということがわかった。そのことから、安定して暮らせるように考える必要があり、父を含めて家族で話しあった。

両親は札幌の自宅に戻っている状態であり、フルタイムのサポートが必要だった。

僕が逗子から札幌に転居したことで、以前に比べて格段に動きやすくなったものの、コロナが落ち着き始めて仕事が増えてきた。姉、兄も同じである。全員が50歳を過ぎた僕ら「きょうだいのローテーション介護」には、あらゆる面で限界が来ていた。

父は孫たちをかわいがっていることもあり、僕の家族と一緒に暮らすことを望んだ。しかし僕が考えるに、それは現実的ではなかった。もし、同じ屋根の下で暮らすとなると、認知症気味でイライラすることの多い母の存在が、妻や子どもたちにもストレスになるのがわかっていたからだ。母にとってもその環境はよくないだろう。

両親が安心して健やかに暮らすにはどんな環境がいいか？　あれこれ考えているときに、テレビで父の旧友でもある俳優・歌手の加山雄三さんが生活支援サービス付きの高齢者向け住宅の話をしていた。

高齢者の暮らしを支えるサービスを提供する「ケアハウス」やサービス付き高齢者向け住宅（通称「サ高住」）は、原則はマンションのような集合住宅で、自由度が高い生活ができるといわれている。

「なるほど、これはいいかもしれない」

姉と僕は早速、ケアマネジャーさんに相談し、いろいろ情報を集めた。すると、望ましい条件を備えていたサービス付き高齢者向け住宅　ウィステリア（以下：「ウィステリア」）という施設に近々、空きが出ることがわかる。父と母がふたりで同じ部屋に入れるようだ。環境も素晴らしかったし、ずっと父を診てくれていた井上先生のいるＮＴＴ病院がすぐ目の前にあるという立地も魅力だった。すぐにそこをおさえた。「ウィステリア」は、マンションにホテルのコンシェルジュサービスとレストランがついているイメージで、医療、介護などの専門家が日中は常勤しているほか、安否確認などのサービスを受けられる。共用スペースもいろいろあり、レストランでは朝昼晩と有料で食事が提供される。

父は「ウィステリア」入りもすんなり受け入れてくれた。

問題は母だ。そこで、「お父さんの心の支えはお母さんですよ。お母さんがいてくれないと、お父さんはどこにもいけないし、何もできないですよ」という話をして、役割を与えることで理解してもらった。

２０２２年6月、父と母は「ウィステリア」で新生活を始めた。バリアフリー仕様で、キッチン、浴室などがついた普通の２ＬＤＫのマンションと同様の部屋だ。コロナ禍にあっても訪問は自由で、地下の駐車場の使い勝手もいい。

少し前までは攻撃的になっていた母も穏やかになった。やはり、父のそばにいると安心するのだろう。母の口からも「ここはいいところね」という言葉が出た。

父のリハビリは快調だ。「ウィステリア」にて訪問看護を週に1回とリハビリが週に3回（各1時間～1時間半）。近くのNTT病院で週に1回の診察。少人数制のセミパーソナル型ジムで週2回（各1時間）のトレーニング。月・水・金には、浮腫対策で訪問のリンパマッサージを受ける。僕が訪問したときに時間があれば一緒に外歩きもしている。

ジムには一般会員として会費を払っているが、訪問看護や訪問マッサージなどは74ページで書いたように、一部は保険で受けられる。

当事者ニーズに合った高齢者住宅を選び、プログラムを組み直したことは、今ふりかえってもベストな選択だったと思う。**頸髄硬膜外血腫（けいずい）になった父と、両足の歩行障がいをもつ母は、新しい環境で円満に暮らしている。**

父・雄一郎のリハビリプログラム

月	火	水	木	金	土
10:00〜11:00 ジムでトレーニング	13:00〜14:00 訪問看護にてリハビリ	9:00〜10:30 訪問看護とリハビリ	11:00〜12:00 NTT 病院で診察	9:00〜10:00 訪問看護にてリハビリ	10:00〜11:00 ジムでトレーニング
16:30〜17:00 リンパマッサージ		14:30〜15:00 リンパマッサージ		15:00〜15:30 リンパマッサージ	

※この他に、僕（豪太）の時間があれば、坂道のある旭山記念公園などに連れ出して外歩きをしている。

週3回の訪問リハビリ（富士登山に向けてのプログラム）

10分	体調確認、血圧測定など
15分	ストレッチなど（歩行や階段昇降に必要な、可動域や柔軟性確保）
10分	筋力アップ（あおむけで足を上げる、腰を持ち上げる、スクワットを 20 回ずつ）
10分	歩行訓練（全身耐久性向上、減量、しびれのコンディション確認）
15分	階段昇降（富士登山に向けてのトレーニング）

65歳から私が実践してきたこと

第3章

子にゆだねつつ、目標を持つ"幸齢者"術

三浦雄一郎

人生に「もう遅い」はない。何歳になろうとも希望はある

「人生に、〝もう遅い〟はない」「人生はいつも今からがスタートだ」

私は、メディアの取材を受けたとき、講演会に登壇したとき、誰かに助言を求められたとき、この言葉を再三口にしてきた。

どんな状況に追い込まれても、**何歳になっても、人間には生きている限り可能性があり、それを追求する権利がある**ということだ。

これは、私が身をもって体験してきたことである。

私は60歳のときに、冒険家、プロスキーヤーとして一度、引退を決めたことがあった。

「このあたりが引き際だろう。のんびり余生を楽しもう」

そのように考え、スキーと好きなゴルフをほどほどに楽しみながら、講演活動などを生業(なりわい)にして暮らしていこうとした。

それからの私は運動をやらなくなった。また、家でも外に出ても、好きなだけ食べて飲んでを繰り返した。パーティに呼ばれてはバイキングでカロリーの高い食べ物をバクバク食べ、ビールやワインで流し込んでいた。

いうまでもない。気がつけば私はメタボ体型になっていた。もっともひどいときは、164cmで体重は88kgもあった。鏡に映る腹がたるんだ自分の姿を見て、「う〜ん、これはマズイぞ」と思ったりもした。だが、生活を改善することはなかった。

結果、私はあまりにも大きな代償を払うことになる。

不整脈、高血圧、高脂血症、さらに糖尿病の疑いもあることから、**ドクターに「3年以内が危ない」という余命宣告を受けたのだ。65歳の頃だった。**

「3年以内」という言葉はショックだったが、「なんとか手を打ちましょう」というドクターの助言もあり、私はそこから心機一転、再スタートすることにした。今なら年金受給がスタートする年齢である65歳に、また歩き出したのだ。発奮材料となったのが、父の敬三と次男の豪太だった。当時の父は99歳でモンブランでスキー滑走をしようと計画中だった。また、豪太はモーグルで長野オリンピックに出場した。オヤジとセガレはキラキラと輝いている。それに比べて私は何をやっているのか……。

こうして、私はトレーニングを再開し、70歳でエベレストに登頂するという目標を定めた。

それから、コツコツと**5年をかけて体力、筋力を取り戻すことで、エベレスト登頂という目標を達成することができた**。世界最高峰のテッペンで、世界最高の風景を見ることができた。それは生まれたての地球を見ているような気分だった。

不整脈も高血圧も完全によくなったわけではなかったが、さらに私は挑戦をやめなかった。

75歳、80歳でもエベレストに登頂し、80歳のときは世界最高齢の登頂ということでギネス世界記録に認定された。さらに、山頂には至らなかったが86歳でアコンカグアにも挑むことができた。

65歳のときに余命宣告を受けた私が、下を向いたまま人生を諦めていたら、おそらくとっくの昔にこの世にいなかっただろう。

マイナスからの再スタートでも前進できる

この話を聞いて、「三浦は若い頃から鍛えていたからできたのだろう」「よほど厳しいトレーニングに取り組んだのだろう」と思う方も多いだろう。

もちろん、若い頃に得た経験値や知見はプラスになっている。だが、少なくとも65歳の頃の私は、体力、筋力ともに平均以下だった。むしろ、メタボで身体は重く、動きも鈍くなり、気力も落ちていた。**マイナスからの再スタートだった。**

しかも、トレーナーをつけて、アスリートのような厳しいトレーニングを欠かさずやっていたわけでもない。管理栄養士の指導のもとで、栄養価が計算された食事を心がけていたのでもない。「今日は気乗りしないな」と運動をサボることもよくあった。焼肉やステーキをたらふく食べて、「こりゃ食べすぎた」とベルトを緩めたことは数知れない。

そんな私でも、なんとかかんとか、**前進を重ねることで三度のエベレスト登頂を成し遂げることができた**のだ。

第1章でも書いたが、私は87歳のときに頸髄硬膜外血腫（けいずいこうまくがいけっしゅ）になり、下半身が痺（しび）れ、感覚が鈍くなり、一時は起き上がることもできなかった。そんな絶望的な状態でも、「目標を立てる」ということは65歳のときと同じだった。

たしかに、**60代、70代のときとは状況は異なる。しかし、子どもたちや周りの人たちにさまざまなことをゆだねることで、また、再スタートすることができた。**

……100歳の目標もすでに決まっている……

メジャーリーガーの大谷翔平選手は、ベースボールの世界で誰もなしえなかった投打の二刀流に挑戦し、見事に成功させた。「二刀流なんて誰もやっていないから無理だ」と最初から諦めず、それを実現するための挑戦をスタートさせたからこそ、今の大活躍があるのだろう。もちろん誰もが大谷選手のようになれるものではない。まして、高齢者ならなおさらだ。

しかし、**地球上に生かされた我々人間のすべてに、スタートするチャンスはある。年齢は関係ない。何歳になっても再出発すればいい。**

大谷選手もそうだと思うが、私自身も「なにがなんでもやってやろう」という確固たるぶれない気持ちを大切にしている。

自分が決めた目標、向かった道へまっしぐらに行こうという強い気持ちでの取り組みが、人間が限界を超えることにつながる。

そしてもうひとつ大切なことはその状態を心から楽しむこと。「楽しい」と思うことは、人間が限界突破を目指すうえでの原動力になる。グラウンド上の大谷選手は本当に楽しそうではないか。

90歳になった今の私は、自分の年齢や身体的なハンディキャップを素直に認めて、それをベースに目標を決める。

60代の頃とは肉体的なベースが違うが、目標へ向かう原点である〝想い〟は変わらない。

これからどれほど回復できるかはわからない。だが、リハビリを続け、もっと歩けるように、もっとスキーができるようにというのが日々の目標である。

そして、１００歳へ向けた大きな目標もすでに考えている。

まず､再び自分の足でネパールのエベレスト街道を歩き、できればエベレストのベースキャンプまでもう一度行ってみたい。

また、ウクライナに平和が訪れ、政治情勢が安定すれば、7大陸最高峰のひとつであるロシアのエルブルースに登頂し、そこでスキー滑走をしてみたい。

エルブルースは今の自分の状況で登ることは難しくとも、一部、雪上車が使えれば山頂近くまで上り、スキーをすることができるのではないか。

やはり日本においては富士山、そして世界に目を向ければ7大陸最高峰、そうした素晴らしい山々は、ロマンや冒険心をかき立ててくれる。

もう一度確認しよう。**人生にもう遅いはない。いつも今からがスタートだ。それは誰にでも言えることだ。**

豪太の補足

父は、一度引退を決めてからの5年間を例外として、やることがつねに一貫している。何歳になってもそこは変わらない。100歳の父とエベレスト街道を歩くのが今から楽しみだ。そのとき僕は63歳。父から見ればまだまだ若造だろう。

どんなことだっていい。自分の人生に「目標」を設定する

怠け者でメタボだった私が、高齢になって三度もエベレストに登れたのは、「エベレストに登頂したい」という目標を設定し、それに向かって前進したからだ。

目標には不思議な力があるものだ。人間の歩みを後押ししてくれる。

目標に向かって歩き出せば、仮にゴールにいたらなくてもスタート地点よりは前進している状態だ。**途中で挫折したらまたスタートすればいい。三日坊主で終わったとしても、三日分は進んでいることになる。**

ここで誤解のないように確認しておくと、「高齢者は山に登るべきだ」「エベレストに登ろう」ということをお伝えしたいのではない。

私の場合はたまたま冒険家という職業を営んでいたので、その目標が世界最高峰になっただけだ。

目標はどんなことだっていいと思う。

料理が得意な人は、一流レストラン並みの美味しいメニューを作ろうと研究してもいいだろう。ボウリングを始めてパーフェクトゲームを目指してみるのも楽しい。歴史が好きな人は、毎週1冊の歴史書を読もうと決めるのもいいではないか。

････ これが三浦流の目標の設定方法だ ････

参考までに私の目標の設定の仕方について記しておこう。

まずは「エベレストに登頂する」というような大目標を掲げる。それは、自分の身の丈にあったものではなく、それなりの頑張りが必要なものにする。

エベレストは一流の登山家でさえ登頂できる確率は3分の2程度である。うまくいけば成功するが、失敗するかもしれない。そのぐらいのバランスがちょうどいい。そして、それを目指しての基礎的なトレーニングを段階的に進めていく。ひとつずつ目標を決めて道を作っていく。

127ページ以降で詳しく述べるが、私は一時期、「ヘビーウォーキング」と名づけた足に重りをつけて歩くトレーニングを取り入れていた。最初は足に1kgの重りをつけて歩き出し、徐々に5kgへと増やしていく。5kgの負荷に慣れてきたら、さらに重くする。ひとつクリアしたらまたその上へ。そんな積み重ねを繰り返していくのだ。

こうしたトレーニング方法の多くは直感的に浮かぶものが多く、やってみて「これはちょっと違うな」と思ったら、また方法を変えてみる。

感覚的に自分に合っているもの、成果が実感できるものなら、「いいぞ！」をどんどんと進化させて続けていく。この繰り返しだ。

トレーニングをある程度続けて、体力アップを自覚できたら、まず近くの低山を登ってみる。低山に登るのが苦しかったら、またトレーニングを重ねて再チャレンジする。

すると次は楽々と登れるようになっている。

そうなったら、中間目標として次に富士山を目指す。それがクリアできたら、次の中間目標をヒマラヤの５０００m峰と決めて、それを目指してトレーニングを続ける。

あくまでも**大きな目標に対してぶれない気持ちがあるからこそ、積み重ねを続けていける。**

このように私がやってきたことは、登山に限らず、他のことにも応用できるだろう。

‥‥寝返りを打つことも、前向きな目標になった‥‥

頸髄（けいずい）硬膜外血腫になる以前にも、私は心臓の病や骨盤と大腿骨（だいたいこつ）付け根の骨折などで何度も入院生活を経験している。苦しかったり、痛かったりする**入院生活においても、目標を設定することはプラスになった。**

骨折したときは、寝返りを打つこともできなかった。そんなときはまず寝返りを打つことが第一の小目標となった。「次は起き上がれるようになろう」「歩いてトイレに行けるようになろう」と小目標をクリアしていった。その少しずつの積み重ねが私の場合、エベレストの山頂につながった。

目標設定は、リハビリにおいても効果的だ。「今週中にこれができるようになろう」「来月はここまでやりたい」と理学療法士と相談しながら、目標を具体的に決めていくと頑張りが違う。

また、リハビリにおいては、私はいつかリハビリ室を出て外でやりたいという欲求をモチベーションのひとつにした。それが中間目標になった。「孫に会いに行きたい」「温泉に行ってゆっくりしたい」。どんなことでもいい。**目標があると前進できる。それは間違いないのだ。**

豪太の補足

とくに目標がなく惰性(だせい)でリハビリをやっているように見える人がいる。そんな人の家族は、本人が具体的な目標を持てるように、楽しみな何かを設定できるように、意識していろいろな会話をするといいのではないだろうか。

自分自身の限界を広げるために、誰かに頼る、力を借りる

私は目標に向かって前進するとき、**自分の限界の枠を広げるためにその道の専門家、プロフェッショナルの声にも耳を傾けるようにしている。**

若い頃にキロメーターランセ（スピードスキー）の世界記録を出そうと挑戦したときも、エベレストを直滑降で滑ったときも、事前に専門家に協力を仰いで、どうやったら成功するかを科学的にサポートしてもらった。

自分にない能力や経験を持った人たち、自分の目的に合ったスキルを有する人たちはいっぱいいる。私はそれを借りることに対して躊躇（ちゅうちょ）はなく、遠慮せずにお願いしてぶつかってみる。これは必ず自分のプラスになることだと信じている。

そして気持ちよく協力してくれる専門家やプロがいるからこそ、自分自身の限界を広げていくことができたのだと思う。

大きな感謝のもとで誰かに頼る、力を借りることは、必ずや自分のプラスになる。

鹿屋（かのや）体育大学のスポーツ生命科学系の教授だった山本正嘉（まさよし）先生の本を読んで、強い関心をもった私は直接、連絡をして会いに行った。運動生理学やトレーニング学が専門の山本先生は、自身もヒマラヤの高峰やアコンカグアなどへの登山歴があり、高所登山に精通している。そんなスペシャリストに「エベレストに登りたいがどうしたらいいか」とアドバイスを請い、頼った。

不整脈で苦しんでいた私は、土浦協同病院の院長だったカテーテルアブレーション治療の世界的権威・家坂義人（いえさかよしと）先生も頼った。家坂先生は1万人の心臓を救ったといわれている。

80歳のエベレスト、86歳のアコンカグアでは、循環器内科が専門で国際山岳医の大城和恵先生に遠征隊のメンバーに加わってもらった。他の登山隊メンバーも、つねに最先端の技術と知識を有する現役のプロフェッショナルを集める。

その一方で、私自身も必要とされたら惜しみなく、助言をしたり、力を貸したりするようにしている。

豪太の補足

父は人生経験は豊富ながら、自分の知識や考えが一番だとは思っていない。〝餅は餅屋〟という考えだ。結果的にその姿勢が冒険を成功に導き、90歳という長寿に結びついているように思える。

以前に得た情報だけでなく、新しい情報も自分からキャッチしにいく

少し前に娘の恵美里が、子どもの頃の彼女に私が話していたことで、とても印象に残っている言葉があると言っていた。

「キュリー夫人」の通称で知られるポーランドの物理学者・化学者のマリ・キュリーの言葉の中に「科学者とは偉大な冒険家なのです」というのがあり、私はそれを引用し「冒険家と科学者は一緒なんだよ」と教えていたというのだ。

ちょっと強引な理屈と思われるかもしれないが、私は**冒険には科学は必要不可欠だと昔から考えていた。**

もともと読書が好きなので、健康に関する本は片っ端から読んできた。そのなかで、気になる内容があれば、アンダーラインを引いて、さらに詳しく調べる。そうやって、自分でもアンテナを広げてつねに新しい情報を得ようとしている。

コマーシャルに出ている「シックスパッド」は、開発の段階で噂を聞きつけ、開発者である京都大学の森谷敏夫（もりたにとしお）先生を訪ねた。当時は心房細動でトレーニングもままならない状態で、筋肉維持に有効ということで取り入れた。コマーシャルに出ているから取り入れたのではない。取り入れていたらコマーシャル出演のお話をいただいたのだ。

以前に得た情報だけで物事を判断せず、新しい情報も自分からキャッチしていくことは、いろいろな面で自分にプラスになるのだ。

豪太の補足

世の中には、ある面では正しくても、ある面ではそうとも言い切れないこともある。父はそうした状況を見極め、客観的に判断する感覚が凄い。やはり、自分で多方面から情報を集め、自分なりの考えを持っていると強いのだ。

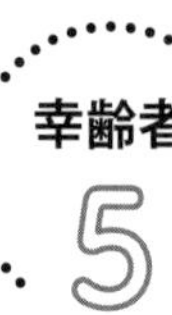

決めた目標にはこだわる。でもやり方や進め方は、柔軟に変えてよし

私は頑固者である。

自分で決めた目標はどんなことがあってもやり遂げたい。ネバーギブアップを信条としてきた。この想いは頑固といえるかもしれない。これは私自身のプライドだ。

ただ、その時代によってニーズや価値観が違うことがある。だから、やり方や進め方をその時勢に合わせてアレンジする必要はある。それはつねに意識していたい。

変わらぬ信念のもと、**時代の流れにあった柔軟性や適応力は、大きな目標を目指すにあたってとても必要なことである**と思っている。いわゆる不易流行だ。

そうした意味では、私はいつでも柔軟である。

人間、何かに固執して、執念を持って挑むことも大事だが、ときに、パッと頭を切り替えて柔軟に対応したほうがうまくいくこともある。

「こうでなければならない」「こうあるべきだ」「こうしなくてはならない」と、考えて**壁にぶつかったとき、ちょっと考え方を変えてみると、すんなり問題が解決することもある。**

身体の自由がきかなくなってからも、状況を受け入れ、子どもたちにゆだねて、また目標のために進んでいこうと考えられたのは、以前から臨機応変な考え方をしてきたことも影響しているのだと思える。

通常、エベレストでは、ベースキャンプから頂上まで４つの中継点（キャンプ）を経由する。しかし、私は80歳でどうすればエベレストに登れるかを考えたとき、その中継点の数を６つにした。私の体力を考慮し、１日で進む距離を短くした。半日だけ登って、あとは中継点で休んで体力を蓄えるやり方を編み出したのだ。それは、それまでに誰もやったことがないことだった。

また、このときは下山の際にヘリコプターを使用した。おそらく多くの登山家はヘリコプターに乗ることを嫌うだろう。

しかし、私は隊のメンバーの安全を考えるとそれがベストな選択だと考えた。80歳の私のゆっくりペースで歩いて下山すると、アイスフォールという氷の固まりが続く地帯が崩落する恐れがあったのだ。実際にその前日にアイスフォールの崩落が起きていた。

豪太の補足

下山にヘリコプターを使ったことは賛否があった。しかし、父の哲学ではヘリの使用は許容されることだった。登山家にもいろいろな考え方があるが、冒険家を名乗る父が重視していたのは、仲間とともに生きて帰ることだった。

幸齢者6

年をとって食が細くなろうとも、食べる楽しみ、こだわりを持ち続ける

山歩き、スキーとともに、私のライフワークがある。食べることだ。肉、魚介類、卵、乳製品、野菜、果物、穀物、豆類、イモ類、きのこ類などなど、食べ物は人間が行動するためのエネルギー源となる。そして、**おいしい食べている時間はなんとも幸せである。**人生の大きな喜びだ。

冒険の際も、必ず食べる楽しみをプラスしている。アコンカグア遠征のときは、事前に世界でも屈指といわれるアルゼンチンワインと、赤身肉が柔らかく味わい深いステーキを堪能した。

また、いつも種類、量ともに多くの食料をベースキャンプに持っていく。たとえば、鍋物をやるにしても、ダシだけで何種類も用意する。さらに味噌、醤油、キムチ、カレーなどいろいろな味つけを楽しめるようにする。

それから海苔(のり)は必須だ。標高6000mのプラサ・コレラでは、手巻き寿司パーティを開催した。アンデスの山の上でトロやウニは無理なので、缶詰のツナや地元のサーモンなどをネタにした。これは、隊員一同が元気いっぱいになる宴(うたげ)だった。やはり米を食べると腹に力が入る。この寿司パーティは過去のエベレスト遠征でも三浦隊の恒例イベントだった。

‥‥高齢者はタンパク質を積極的に摂取せよ‥‥

高齢者になると食が細くなるものだ。だが、それによる栄養不足は禁物だ。

私は、高齢になればなるほど**上質なタンパク質が必要だと思っている。**タンパク質は、身体を作る構成要素であるとともに酵素やホルモンといった身体の機能を調節する重要な役割を果たす物質の原料となる。これが不足することによって、免疫機能が低下してしまうのだ。

つまり、病気にかかりやすくなる。さらに**タンパク質が不足すると筋力も落ちる。**

ダジャレではないが、年をとると人は別の意味で〝淡泊〟な食生活に陥りやすい。もちろん活動面が落ちているので量は以前ほど食べることはできないが、それでも私はステーキ、うなぎ、焼肉……それらを美味しく食べられるということを重視している。

今の私はサービス付き高齢者向け住宅のレストランで提供されるメニューが日常的な食事のベースになっている。これは、栄養配分が計算されているので、とてもバランスがいい。そして、タンパク質豊富なメニューも多い。非常に助かっている。

豪太の補足

食べ過ぎる傾向のあった父は、サービス付き高齢者向け住宅の食事を摂る生活になってから、いろいろな数値がよくなっている。結果的に頸髄硬膜外血腫になったことで、父の寿命は長くなったのではないかとさえ思える。

栄養の摂取は神経質になり過ぎない。「食べたら身体を動かす」は健康の基本

人間を含む生き物は、胃袋が満たされてない状態だと、種の保存のために生殖能力を維持し、若さを保とうとするのだという。腹八分目よりも七分目ぐらいが適量だとか。

私はなかなかそれを実践できないが、**空腹になることは重要だと感じる。**

腹が減っていない状態で、仕方なく食べる食事はどうもうまくない。とことん腹を空かしてみて食べるひと口は本当にうまい。今ひとつ食欲が湧かない人は試してみてほしい。ちなみに私は大好きなステーキ店に行く日は、朝からなにも食べない。

父・三浦敬三はずっとスマートな体型を維持していた。おそらく腹八分目か七分目程度に留めていたと思う。

ただ、高齢になっても現役でいられるように、食事の内容にはかなり気を配っていた。晩年はひとり暮らしをして自炊していたが、品目数を多く、栄養価の高い食べ物を食べることにこだわっていた。カルシウムを多く摂るために、魚や鶏肉を圧力鍋で調理して骨まで食べられるよう工夫することも怠らなかった。主食は総合的に栄養価が高い発芽玄米だった。父は１０１歳まで生きたのだから、まさに理想的な食生活だったのだろう。

……食べたら身体を動かす。それが健康な身体を作る……

栄養の摂取については、栄養価が高いもの、摂りすぎるとよくないものを知ったうえで、できるだけ気にして食生活をおくるぐらいでいいのではないかと私は思う。あまり**神経質になりすぎるのもストレスになる**からだ。

私はヨーグルト、納豆など発酵食品を積極的に摂るクセもつけている。以前は、キナコ、ココアなど数十種の身体によさそうなものの粉末とゴマ、ナッツ類、玉子をかき混ぜてフライパンで焼く、特性の「ミウラケーキ」をよく作って食べていた。エベレストのベースキャンプでも食べた。味の面で周囲の評判は芳しくなかったが、そこには納豆を入れることもあった。

焼肉店に行ったら、脂身の少ない肉をメインとし、ごはんは食べない。また、発酵食品であるキムチを食べ、野菜類もしっかり摂る。

私の場合、暴飲暴食と運動不足により一度余命宣告を受けた後に、トレーニングを再開することで、90歳まで生きることができた。

やはり、**食事と運動はセットだと考えたい。**

豪太の補足

多くの品目を食べることは栄養バランスの面で大事で、そこは祖父も父も徹底している。また、よく嚙(か)むことも共通して重視している点だ。祖父は晩年、総入れ歯だったがそれでも固い玄米を何十回と嚙んで食べていた。

窓を開けるのも、運動の一種。元気なうちは「ヘビーウォーキング」を実践

頸髄(けいずい)硬膜外血腫を患い、一時は要介護４になった私は、それ以前までのような運動をできなくなってしまった。だが、リハビリは欠かさないし、**できるだけ自分でできることは自分でやる**ようにしている。

家の中でちょっとしたことでも身体を動かす。たとえば、窓を開けて空気の入れ換えをする、億劫(おっくう)がらずに階段の上り下りをする、ものをちゃんと片づける、台所で料理をする、玄関に郵便物をとりにいく……そんなことだって運動の一種だ。高齢者の方は、家の中で身体を動かすこの考え方を取り入れてはどうだろうか？　健康のためのプラスになる動作だと思えば、毎日が変わってくる。

ここでは、**頸髄硬膜外血腫となる以前の、まだまだ元気だった頃の私のトレーニング方法についてお伝えしておきたい。**

高齢になってからのトレーニングの主軸となっていたのが「ヘビーウォーキング」というものだ。これは、足に「アンクルウェイト」という専用のベルト状の重りをつけて歩くことだ。

ジョギングをすることで心も身体も健康を保っている高齢者が大勢いる。それが自分にとっての最良の健康法と考えるなら、走ることで前向きな気持ちになるのなら、素晴らしいことだ。続けるべきだろう。だが、私はそうでない高齢者にはジョギングよりウォーキング、できれば**ヘビーウォーキングをおすすめしたい。**

ウォーキングは突然死のリスクも少ない。十分な運動効果があることは、すでに科学的にも実証されている。ただし、普通のウォーキングはあくまで現状維持のための健康法である。

ヘビーウォーキングは、負荷をかけることになり、現状維持ではなく実年齢よりも若い身体を目指すためのトレーニングになる。この**ヘビーウォーキングのおかげでメタボだった私は減量に成功したばかりか、実年齢よりも若い体力、筋力を身につけることができた。**

それが、三度のエベレスト登頂に成功した最大の理由だと言っても過言ではない。負荷をかけると、荷重により骨密度が増えるというメリットもあると思っている。

運動の習慣がない人なら、負荷をかけず、家の周りを10分歩いてみることから始めよう。歩く時間を20分、30分と増やして、リズミカルに歩くことに慣れてきたら、アンクルウェイトをつけて、いろいろ試しながらできることを増やしていけばいい。アンクルウェイトには、重さもいろいろあるので最初はもっとも軽いものでいいだろう。外でアンクルウェイトをつけることに怖さがある人は、まず家の中でやってみてほしい。

すべてにおいて無理をせずに、できる範囲で前進すればいいのだ。

まず、一歩一歩、ゆっくり歩き出そう。

・・・・親指の付け根を意識して歩くべし・・・・

アンクルウェイトをつけて歩くと、最初は足がいつもより上がらない。段差があれば転びそうになる。注意が必要だ。

まずは片方の親指の付け根を意識しながら、そこを支点とし、地面を蹴るようなイメージでもう片方の足を踏み出そう。

そして、踵（かかと）から着地する。そのときも親指の付け根を意識し、足の底面を地面にペタッと着けるようにしたい。

また、歩くときは振り子をイメージしてほしい。チクタクと振り子が左右に動くように膝から先を前後させる。

ただし、下り坂のときは、軸足をしっかりと曲げ、ゆっくりと体重を下ろすような感覚を持ち、つま先から着地するのがいい。

ウォーキングのフォーム

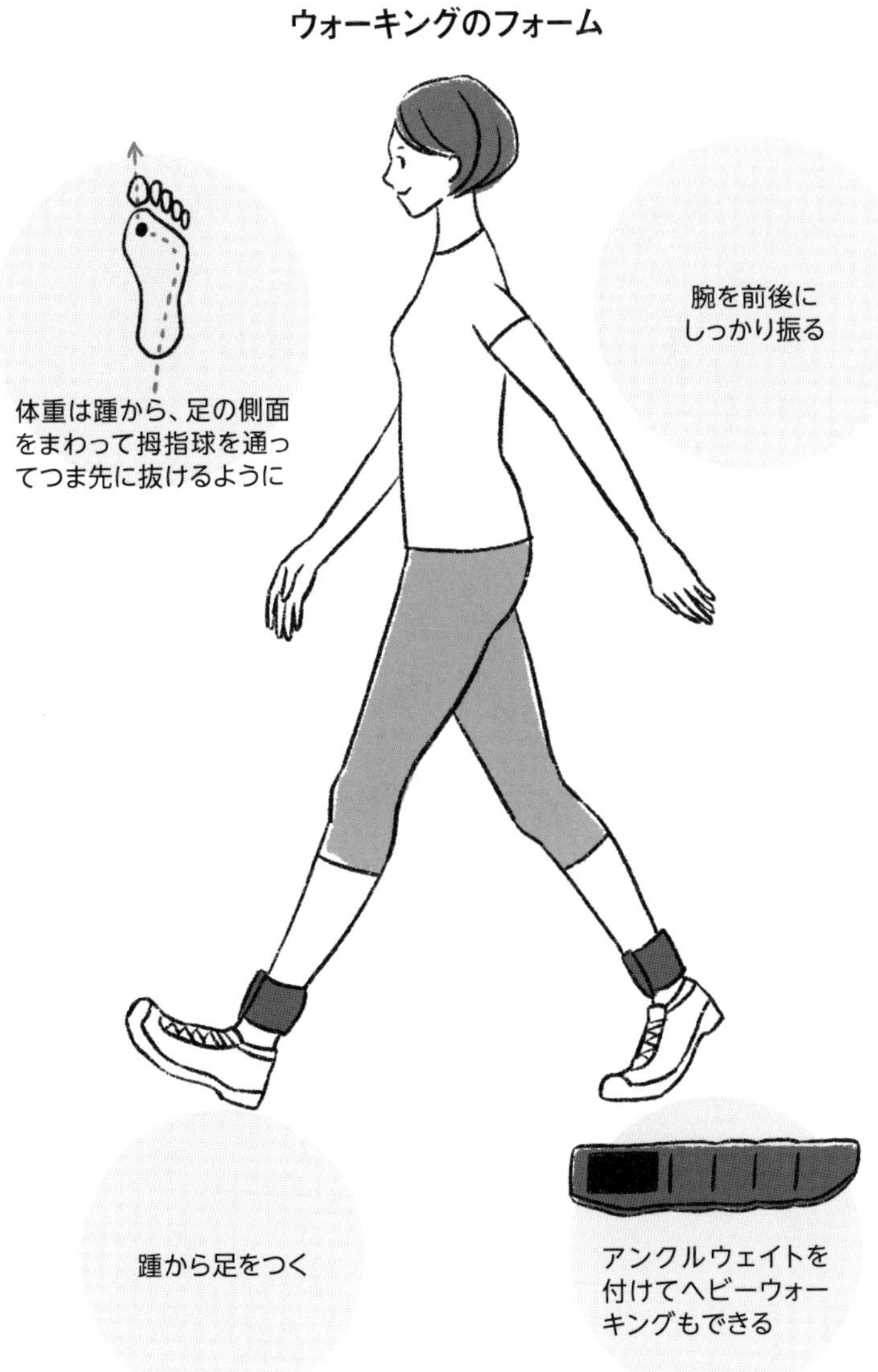

息を強く吐き出すことを意識する

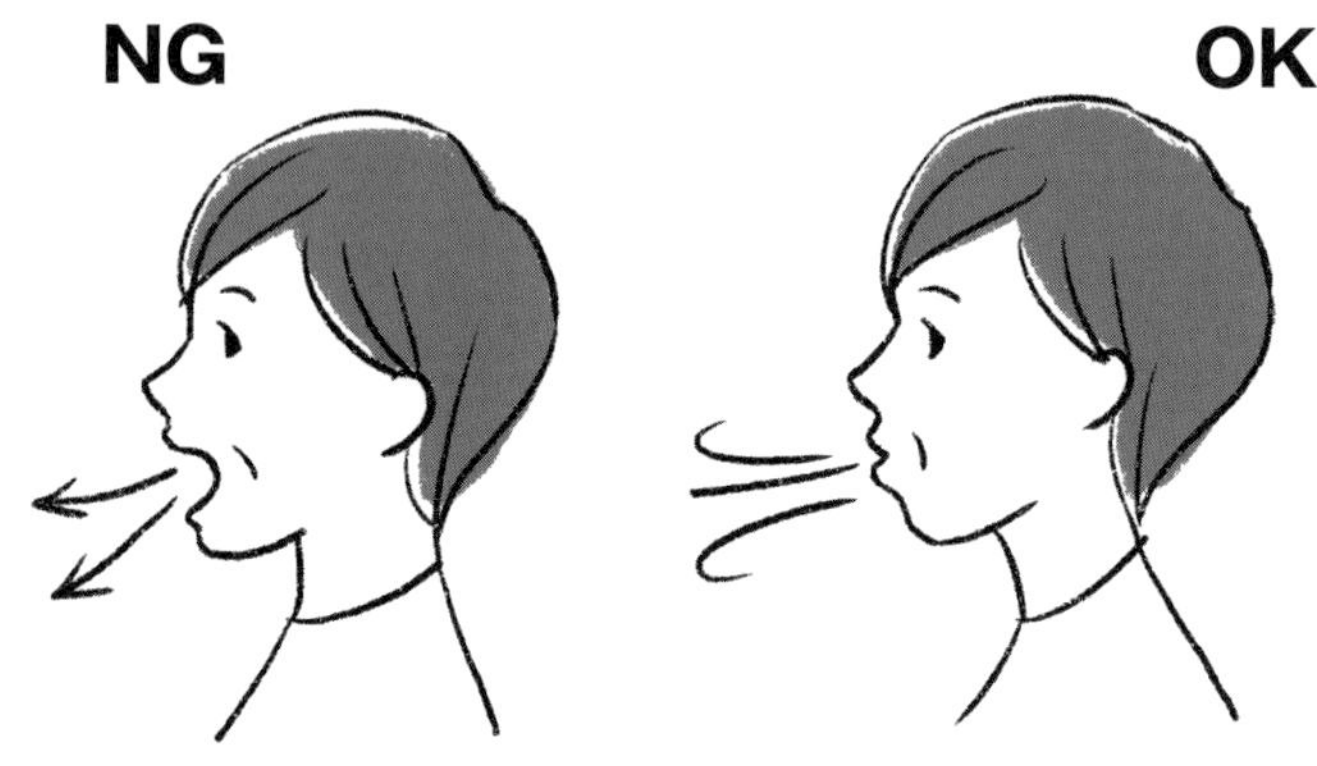

「う」と発音するように唇をすぼめて息を強く吐き出す。
吐いて吸うことを心がけよう。

歩き方と同時に、しっかり意識したいのは呼吸法だ。

呼吸には「吸う」と「吐く」というふたつの動作があるが、**ヘビーウォーキングにあたっては、「吐く」ことを先にやるのがいい。**吐いて、吸うのだ。

このとき、「う」と発音するときと同じように唇をすぼめて、息を強く吐き出す。運動するときに、大きな口を明けて「ハーハー」と呼吸している人がいるが、あれは適切に酸素を吸い込めない。口をすぼめてゆっくりと、長く息を吐くと、自然と空気を吸っている。

歩くのが楽しくなって、どんどんスピードが出せるようになっても、呼吸が乱れて息が切れるようになったら減速すべしだ。それでは無酸素運動になってしまい、体脂肪も燃えなくなってしまう。動悸（どうき）がする状態はやりすぎだと考えよう。

豪太の補足

口をすぼめて吐く呼吸法は、登山において呼吸のリズムを整える方法でもある。これは階段を昇ったあと、軽く走ったあとなど、日常生活で息切れをしたときも有効なのでぜひ試してみてほしい。

高齢になってからの運動に「無理は禁物」。小さな運動目標を決めて楽しむ

なお、ヘビーウォーキングをやるうえでいくつか注意点がある。

毎日やらなくてもいい。1日おきでも、週に2回でもいい。やらないよりずっといい。また、調子が悪かったら無理にやる必要もない。無理は禁物だ。

それから、**早朝の運動は高齢者にはリスクが高い。**運動するには気温も上がり、血圧が安定した午後からがちょうどいい。

ただし、真夏は熱中症のリスクが高まるので夕方が望ましい。また、紫外線にも気をつけたい。帽子をかぶり、UVカット機能のあるサングラスもかける。紫外線予防の日焼け止めローションにも今はベタベタしない、いいものがある。

せっかくなら、スポーツショップなどでかっこいいスポーツウエアやウォーキング用のシューズを新調するのがいい。汗を吸い込まずに乾燥させてくれるウエアや、歩きやすいシューズがいろいろ出ている。機能性が高くて、見た目もいいもので取り組んだほうがやる気が出てくる。「せっかく買ったんだから」という思いが怠け心を諫(いさ)めてくれることもある。

そして**重要なのは、「小さな運動の目標」を決めることだ。**

「来週は河原まで歩けるようになろう」「今は公園を1周しているが、次は2周できるようになろう」「隣の駅まで歩いてみよう」……。

このようにちょっと頑張りが必要な具体的な目標を決めれば、モチベーションがアップする。そして、それが達成できたときは気分が爽快だし、次の目標も決めたくなってくるものだ。

さらにその先には、たとえば旅行など、なにかをやろうという気持ちを持つことが大きなプラスになる。

この「やろう」という気持ちが運動の原点だからだ。歳など考えずに自分のやりたいことをみつけたら、それが運動の始まりとなる。

いつ始めてもいい。手遅れなどない。

また、歩く途中もボサッと何も考えないのではなく、道端の草花に、変わりゆく街の風景に関心を持って歩くのがいい。それが脳の刺激になるのだ。

家族でもいいし、近所の知り合いでもいい。誰かと一緒に取り組むのもいいだろう。おしゃべりをしながら歩けば、30分ぐらいはあっという間だ。

つらいトレーニングを仕方なく続けるというネガティブな発想を捨て、トレーニングをいかに楽しく続けられるかを考えるのがいいだろう。それが継続につながるものだ。

････ 壁を押すことで脳に重要な信号を送る ････

私はヘビーウォーキングにより減量、筋力アップ、膝の痛みが取れる効果を実感した。頻度や距離にもよるが、続けていれば必ず何らかのプラスがあるだろう。

プラス要素のひとつに、**身体を動かすことが楽しくなり、意欲が湧いてくる**ことがある。そして、他にも運動をプラスすることができれば、さらに体力、筋力、気力はアップする。

そのプラスする運動のひとつとして、「壁や柱を全力で押す」というのもおすすめしている。毎日、簡単にできるトレーニングだ。ぜひ今日からでもやってみてほしい。

今はＡＩが注目されているが、人間の脳はある部分でコンピュータのように機械的である。筋肉を使わないとそれを不要なものだと判断するのである。つまり、脳に〝不要〟の烙印（らくいん）を押された筋肉は衰えてしまうのだ。

したがって、１日に１回全力で筋肉を使えば、脳は「必要」という判断をするのである。いわば、脳に見放されずに済む。１日に１回、短時間で筋肉を使うのは、脳への「筋肉は必要だぞ」というアピールになるというわけである。

腰をひねる運動も、短時間で場所と時間を選ばずにできる。日常生活で腰をひねることはあまりないため、何もしないと腰のインナーマッスルが衰える。これを防ぐために**腰をひねることも効果的だ。**

なお、私はどうも室内の運動が好きではなく、ジムワークを積極的にやってこなかったが、フィットネスジムに通うことが楽しい人は、無理のない範囲でそれを続けるのがいい。プールで泳ぐのが好きな人は、頑張って泳ぎ続けてほしい。

高齢者のなかでも、すでに自分に合った運動のある人はそれだけで恵まれている。

ヘビーウォーキングとその他の運動を組み合わせていけば、目の前の世界は変わる。

豪太の補足

父も書いているが、高齢者の早朝トレーニングはおすすめできない。起きた直後は血圧が急上昇するが、とくに冬は寒さで血管が細くなるので「ヒートショック」が起きやすい。失神、心筋梗塞、不整脈、脳梗塞などのリスクが高まるのだ。

無理して人と付き合う必要はない。でも、新たな仲間は可能性を広げてくれる

家族、友人、知人を含め、私には大勢の仲間がいる。

仲間は人生の財産だと思っている。アクティブに人生を楽しみ、旺盛に仕事をして、趣味の幅を広げることでより多くの仲間ができる。

私の冒険活動において、プライベートな時間において、そして病気やケガから回復する過程においても、仲間の存在がいろいろな可能性を広げてくれた。

自分にない力を仲間たちが補ってくれる。必要とされる能力を持ったメンバーが集まって「チーム」となれば、自分の行動の範囲はより大きくなる。

エベレスト遠征隊のメンバーたちは、一人ひとりが素晴らしい才能を持っていた。全員の力が合わさって不可能だと思われていたことを可能にし、私自身が限界を超えることができたのだと思う。

仲間を作る第一歩は、家にこもるのではなく、何事も自分から積極的に働きかけることだ。

ただ、性格的にそれがなかなかできない人もいるだろう。それでも、自分の趣味や得意なことから、なにかきっかけを作ってみるのはどうだろうか。できる範囲でいい。アクティブに生きようとする気持ちがあれば、そのプロセスで気の合う仲間と出会うこともある。

ただ、**無理して気の合わない人と付き合う必要もない**。それはむしろストレスになる。時間の無駄だ。

それにひとりでいることがもっとも自分に合っていると思うなら、無理をして誰かと付き合わなくたっていい。世の中にはひとりでも楽しめることだってたくさんある。

俳句を作って新聞に投稿してみてもいいだろう。採用されたら張り合いになる。カメラを持ってひとり旅をして自然の風景をスナップするのもいいではないか。

それに、今はインターネットを通じて新しいことに挑んでいる高齢者も大勢いるようだ。

豪太の補足

父は仲間が多い。いつも大きな目標を掲げ、目立つように旗を振る。だから、そこに人が集まってくるという構図がある。ただ、そのぶん父は、仲間のために力を尽くすことも多い。そのための労を惜しまない。

好奇心は、なによりの認知症対策。心が躍ることが最良の「脳トレ」だ

私は今回、家族の力を借りながらではあるが、久しぶりに本を出すことになった。つまり、90歳になっても認知症にはならずに、なんとかやっていけている。会話をしていて、最近覚えた固有名詞が出てこないことは人並みにあるが、昔のことはスラスラと話せる。数字も人名もしっかり憶えている。人間の脳みそは不思議なものである。

認知症については、専門家の研究にもとづいた発表が多くあるだろう。また、個人差は大きくあるに違いない。

したがって、このパートはあくまで三浦雄一郎に限った話であることを前提に読んでほしい。

今でも気持ちは30代、40代のつもりでいる。意識はその頃とさほど変わっていない。その気持ちを90歳になってもキープできるのは、つねに目標を持ち、好奇心を絶やさずにいるからだろう。

「なにかをしてみたい」と心が躍ることがあるから、そのために好奇心を持つことができる。いろいろな行動につながる。それが脳を働かせることになる。

ある目標を達成するためにはどんなことをすればいいか自分で考える。作戦を練る。そのために、書店で役に立ちそうな本を探す。専門家の話を聞きに行く。

新しい知識を得られたら、さらに新しい疑問を持って詳しく調べる。そうしていくうちに、思いもよらない知識も得ることができる。これをずっとやってきた。

私が認知症にならずに済んでいるのは、自分が年寄りだと思っていないからだと感じている。

単純なことであっても、**好奇心は自分のメンタルを上向きにしてくれる。**

私自身、頚髄（けいずい）硬膜外血腫に倒れて以降は行動にかなり制限が生まれ、以前ほどは本を読まなくなってしまった。それでも毎日、新聞に目を通し、テレビを見て新しい情報を得ている。とくにスポーツやさまざまな世界で成果を上げた人の活躍を知ることで、感動し、気持ちが揺さぶられている。

心が躍ること、豊かな気持ちになること、そして好奇心を持つことは、歳をとればとるほどに維持しておきたいものだ。

人によって立場や環境が違うし、性格も違う。しかし、**脳のトレーニングはどこだってできる。**

私は相撲が好きなのだが、相撲中継を見ながら、取り組みごとに勝敗を予想してみるのもいい。勝つと予想した力士が勝つとうれしい。

難しい内容のあまり面白くない本を読むことで脳が鍛えられることもあるだろうが、好きなことのほうが楽しく続けられるだろう。

「私は仕事一筋の人間で何も趣味がない」

そんな人も、テレビを見て、関心を持ったことをちょっと調べてみるとか、そうしたことから始めればいい。

豪太の補足

読書家の父は蔵書の数も多く、東京の事務所、札幌の自宅にはおそらく数千冊の本がある。エベレストのベースキャンプにも多くの本を持っていき、臨時のライブラリーを作る。知的好奇心がひとつのエネルギーになっているのだ。

幸齢者12

高齢夫婦には忍耐も必要。90歳を超えてパートナーがいたら、儲けもの

私は家族には恵まれたと思う。妻と3人の子どもがいて、孫も5人いる。**妻と私は同じ年齢で、90歳を超えたいわば超高齢者夫婦。**身体にはいろいろガタが来ているが、なんとかふたりで暮らしている。

現在のサービス付き高齢者向け住宅の暮らしに不満はない。

夫婦の関係とは、100組の夫婦がいたら100通りあるのだろう。あくまでその中の一例として、我が家はどのようなあんばいかを書いておきたい。

妻の朋子(ともこ)とは学生結婚である。大学時代に知り合ったので、もう気が遠くなるほど

の長い付き合いだ。

したがって、私にとって結婚してからの期間のほうが、独身だった期間を大きく上回っている。妻が横にいるのが当たり前である。妻もそう思っているだろう。同級生とずっと一緒にいるような感覚だ。

学生結婚なので古くからの共通の友人が大勢いる。だから交友関係は同窓会のようなものである。

一方で、若い頃から私が冒険のために家を留守にする期間が長かったのは一般的な夫婦とは違う点かもしれない。離れていることがあるとお互いのありがたさがわかるような気がする。

私は〝超人〟などと持ち上げられることも多いが、少なくとも妻のほうが私より強い。口では敵わない。妻から、ヒマラヤを襲う嵐のような口撃を受けることもある。

あくまで、うちの夫婦の場合であることをもう一度確認しておくが、円満な関係の秘訣は〝私の前向きな忍耐〟によるものだと思う。

私は「言葉は風だ」というモットーを掲げている。強風であろうがそよ風であろうが、「ふむふむ」と聞き役に徹していれば、いつかは風がやむ。

妻は同じ話を何度もする。「その話はさっき聞いたぞ」とは言わない。「そうか、そうか。大変だったたな」と受け流す。

パートナーがいても、いなくても、90歳超えたら人生は儲けもの。せっかくパートナーがいるのだから、少しぐらいの認知症的な言動も楽しんであげたい。

その一方で、世の中にはパートナーのいない人も少なくないだろう。大切な人を失った友人も数多い。私の父もひとりになってから長く生きた。

ひとりで暮らすことに慣れている人、そのほうが快適だと感じる人はいい。

しかし、**孤独がつらい人は、思い切って生活環境を変えてみるのもひとつの手段**だろう。住まいを変えてみる、何か新しいことを始めてみる。そうすることで新鮮な気持ちになれるし、新しい人間関係もできるかもしれない。

とくにパートナーがいなくなって、下を向いて過ごすのはメンタル面にもよくない。

何歳であろうと、何かに挑戦することはできる。

豪太の補足

最近、父は海外雑誌の取材を受け、「自然から学んだことは何ですか？」と質問されこう答えた。「う〜ん。忍耐だ」。さまざまな過酷な自然環境を経験している人から出た重みのある言葉だと僕は思った。それにしても、「言葉は風だ」は名言だ。

できるだけ長生きしたい。だからこそ「死を覚悟」して今日を生きる

諸説あるが、人類史上もっとも長生きした人はあるフランスの女性で、亡くなったときは122歳だったという。医学の発展により、もっと長く生きられるようになるかもしれないが、いまのところ記録上では130歳まで生きた人はいないのだ。

人間はいつか死ぬ。99歳でモンブランを滑った父の敬三も101歳で他界した。

「死」は平等だ。誰にも一度ある。

また、人生には自分の意志を越えた「天命」というものがあると私は考えている。

私自身幾度か、死に直面したことがあった。エベレストを大滑降したときはスキーの板が外れて転倒し、どこまでも滑落しそうになった。南極では雪崩に巻き込まれた。70歳のエベレストでは、酸素が極めて薄い〝デスゾーン〟と呼ばれる地帯で5日間の待機を余儀なくされた。そうした体験の際も、不思議に「死」の手前で引き留められた。「生き抜くぞ」という意志だけではない、「お前はまだ生き続けろ」と別の力が働いたのだと思えてならない。その**天命をありがたく受け入れ、寿命をまっとうすることが人間の「生」と「死」だ**と思っている。

そんな話をすると、私が死を恐れていないと誤解する人がいる。そんなことはない。できるだけ長く生きていたい。だからこそ、冒険の際は万全な態勢をとる。

日本人初のエベレスト登頂者であり、犬ぞり単独行で世界で初めて北極点に到達した冒険家の植村直己さんの「冒険とは生きて帰ることである」という言葉はよく知られている。しかし、実際に彼が言いたかったのは「冒険とは、死を覚悟して生きて帰ることである」ということだと私は思っている。

友人でもあった植村さんの思いは、同じ冒険家を生業とする私には共感を持てるものだった。死の覚悟はある。だが、冒険の成功は生きて帰ること。そのバランスを保ちながらこれまでやってきた。

ある程度の年齢になれば「死」というものが現実的な問題として、頭をかすめることがあるだろう。テレビをつければ「終活」という言葉が耳に入る。「高齢の方は保険に入って葬儀費用を用意しましょう」なんてコマーシャルをやっている。

だが、**私は終活といわれるものに一切、興味を持てない。**

いつか死ぬことは間違いない。だが、せっかく生かされているのだから、死んだあとのための活動をするより、今日という日を、そして明日という新しい日を、いかに生きるかのための活動をしたほうがずっといい。

豪太の補足

冗談なのか本気なのか、父は来世で自分がどうなっているか興味があるという。しかし、もし輪廻転生(りんねてんせい)があっても、来世では前世の自分のことはわからないだろう。だからこそ、父は今の人生を力の限り生きようとしているのだ。

チームで向き合うポジティブサポート

三浦豪太

老親介護は「ポジティブサポート」で！「支える」ではなく、ともに「向き合う」

この章では、僕と父との関係で考えたこと、感じたことから、介護問題に直面している人、親が老いていくことを不安に感じている人のヒントになるのではないかと、思ったことを書き連ねることにする。

第2章で書いたように、**頸髄硬膜外血腫(けいずい)に倒れ、苦しそうだった父の手術が成功し、命が助かった時点で、心配していた僕らきょうだいは気持ちを切り替えた。**

「お父さんもさすがにトシだし、これからは穏やかに余生を過ごしてもらう」と考えたのではない。

「どこまで戻れるかわからないが、少しでももとの三浦雄一郎に近づいてもらおう。山を歩き、スキーを楽しむ父に戻ってもらおう」と決めたのだ。

姉はプロデューサー的な存在だ。全体を把握していつも冷静な判断をする。リーダーシップをとる。

兄の雄大はどこか超然としているというか、事態を達観している。そして、緻密に考え、やるべきことを的確にやる。兄がいるだけでなぜか安心できる。

僕は……エベレストやアコンカグアへの遠征のときもつねに父と一緒に行動していたように、現場で身体を動かすことが多いだろうか。

「3人でなんとかやっていこう」。**それぞれが負担になるところはカバーし合って介護をしていこう。**父の手術が成功したあとのある日、ワインを飲みながらきょうだいで話し合ったのをよく憶えている。

もっとも当初は新型コロナの影響でなかなか本人に会えず、病院に入ることさえできない状況だった。そこで、医師に相談しながら、どの病院に行けばどんなリハビリが受けられるかといった情報を精査したり、段取りを整えることなどから始めた。**最大限に良い方向にいくように道筋を決めていった**のだ。

また、父と電話で話し、必要なものをできるだけ揃えるなど、パンデミックの状況下で精一杯のことをやった。

一方で、僕らは、認知症の傾向もみられる母のサポートも同時にやっていた。同じ方向を向いて、目的のために協力しあえるのがとても三浦家らしいなと思えた。

その後、コロナをめぐる状況も変わり、父は転院したり、住環境を変えたりしながらも、リハビリを頑張り、どんどんできることを増やしていった。

….〝ポジティブサポート〟で親と明るく向き合う….

思えば、我が家のチームとしての結束は、僕らが子どもの頃のキャンプや登山の経験で育まれたのだと思う。僕が11歳の頃には家族でキリマンジャロを登ったこともあった。「キリマンジャロに登るぞ」と、いきなり連れて行かれた。

そうした場では、家族それぞれに役割があって、それをこなさないと生き残れないような世界だった。

父は自分の老後を見越して僕らを育てていたのか？　まさかそんなことはないだろうが、いずれにしても3人ともチームとして活動することに適応した大人になった。

念のため確認しておくと、**僕らきょうだいも、意見が合わないこともある**し、言い争いをすることもある。だが、当初の段階では意見が合わなくても、最終的な目的地は一致しているので、決裂することはないし、歩み寄ることができる。

介護において、家族が目指す方向だけは最初に共有しておくと、意見が分かれたときも答えが導きやすいのではないだろうか。

父は昔から名コピーライターだが、姉もそのDNAを受け継いだのか、何かを言語化するのが得意だ。僕らの両親への取り組みを「ポジティブサポート」だと言った。

単に前向きに、明るい気持ちで親を支えるという一方通行の関係ではない。状態の悪化を恐れ、あれもしてはダメ、これもしてはダメと、本人の希望・目標を否定し、ネガティブに縛りつけるようなこともしない。

老親とひとつのチームとして一体になり、共に目標に向き合い、それを妨げる要素を一つひとつ取り除くことをサポートする。それが〝ポジティブサポート〟だ。

姉が言語化することで、共通する意識を持ちやすくなった。

父と母では状況が異なる。母も「船で世界一周したい」とか「温泉に行きたい」といったことを口にする。「それじゃあ行こう」と言うと、本人は尻込みするのだけど、できればそれも実現させてあげたい。

父は、この後の文章でも触れるが、大雪山でスキーをすること、富士山登頂といった明確な目標を持っている。僕らはそれを実現するために、困難に全力でぶつかる。

雄一郎の補足

親バカを承知でいうと、3人の子どもたちには文句のつけようがない。いずれも、家族だけではなく、社会全体がよくなることを考え、人には優しい。そんな3人にポジティブにサポートされる私は幸せ者である。

チーム
2

父の冒険・人生をサポートすることは、自分たちの人生も豊かにしてくれている

ときどき姉と話すのだが、〝ポジティブサポート〟をやっていると、なんだかエベレストやアコンカグアのプロジェクトがずっと続いているような感覚がある。

僕らきょうだいは力を合わせて、**自分の人生をも豊かなものにする行動だと感じながら父の冒険をサポートしてきた。**

他にも頼もしい遠征隊のメンバーや、シェルパ、登山ガイド、スポンサー、医師、メディア、そのほかいろいろな人が、父が登頂すること、無事に下山することを最大の目標に力を合わせた。

近年、僕らが取り組んでいる両親の介護、サポート活動は、その感覚に近いのだ。今回はきょうだいのほかに、医師、看護師、ケアマネジャー、理学療法士、ほかにも多くの人の力を借りている。

姉がケアマネジャーと細かいやりとりをしてリハビリのスケジュールを組んでいる姿は、エベレスト遠征の日程を組んでいるときと見事に重なる。

⋯⋯親の人生も自分の人生も同じように大切に⋯⋯

少子高齢化が深刻化する日本では、介護というのは重い問題なのだと思う。家族ごとに環境と状況が異なるので、すべて一概には言えない。我が家はきょうだいが多く、全員が健康だという面ではラッキーなのだろう。

ただ、どんな場合であっても、**介護を自分だけが背負う十字架のように感じながら暗い気持ちで後ろ向きに取り組むのと、チームを組んで関係者全員で明るく前向きに取り組むのとでは、大きく違う**のではないだろうか。

僕らには、親の犠牲になっている感覚はまったくない。親が生きている時間の中身も、自分の人生も同じように大切している。むしろ、父が持っている〝夢の力〟が、自分たちの力にもなっているような感覚もあり、それぞれの仕事にも全力で取り組める。

雄一郎の補足

介護を受ける側は、感謝の気持ちを持つことが第一歩。ありがたい、よくやってくれると心から思うだけではなく伝えるのがいい。さらに「人生を楽しめている」ということを、チームのみんなに明るく表現できれば素晴らしいと思う。

介護を受ける人が目標を持っていれば、チーム全体が元気になれる

僕らの父親は三浦雄一郎という多くの方がご存じの冒険家ではあるが、子どもがやる**介護の内容は、どこの家族ともさほど変わらない。**

やることは身の回りの世話全般だ。着替えや入浴の手伝いをする。生活する空間を片づけて清潔さを保つ。髪の毛が伸びてきたら散髪するようにする。

父は下半身の感覚が鈍っているので、紙おむつをはいた生活をしている。だから、それの着脱もやる。90歳の老人なら特別なことではない。父の場合は、それでいてスキーもやっているので、そこはやはりスゴイ人なのだろうと思えるが。

若い頃は**親の下の世話をするなんて想像がつかなかった**けれど、今はもうなんともない。当たり前の日常だ。

イライラすること、ストレスに感じることがあるとすれば、父が大らかすぎること、細かいことを気にしなさ過ぎることだろうか。

汚い話だが、小便3回分ぐらいで紙おむつがパンパンになっても、あんまり気にしてない。「大丈夫、大丈夫」という。いやいや、大丈夫ではない。重さでズリ落ちそうになっているではないか。

それから、口うるさく言わないと薬を飲まないのもちょっと困っていることだ。「お父さん、この薬を飲まないと」と言っても答えは「大丈夫、大丈夫」。「大丈夫じゃないから、ちゃんと飲んでください」。そんなやりとりがよくある。

考えてみたら、このような笑い話になるようなことしかない。

よく、介護を受ける立場の人がわがままになったり、すぐに怒ったり、自尊心が邪魔するのか介護を受けることを嫌がることがあると聞く。その点、父は自分でできないことは僕たちに任せるしかないという状況をちゃんと客観的にみていて、嫌がったり拒絶したりする様子はない。何かやってあげると、「ありがとう」という感じだ。

それはやはり、父には目標があり、そのためには介護を素直に受けるのが最善策だと考えているからだろう。

「人間にはそれぞれのエベレストがある」。父はそう考えている。どんな人でも、分野を問わずに、その人が目指すべき最高の目標があるということだ。要介護4となった父は、要介護4なりに最大限の目標を掲げた。

また、**介護を受ける人が目標を持っていれば、介護を、サポートを担うチーム全体もアクティブに動きやすい。目標が達成されれば一緒に喜べる。**

雄一郎の補足

80歳には80歳の、90歳には90歳のエベレストはある。その気持ちを持つことで、高齢になっても前向きになれる。そして、その年齢で生かされていることに感謝することも大切だろう。

老いを、死を、むやみに恐れない。「近寄れば恐怖は半減する」という雄一郎の教え

年老いて、「死」が近づくこと、身体が衰えていくこと、頭の働きが徐々に鈍くなっていくことに恐怖を感じている人が多いのではないだろうか。

そうでなくても、「失敗したらどうしよう」「事故にあったらどうしよう」「病気になったらどうしよう」と、「恐怖」は人生につきまとう。

ここで、父が「恐怖」というものをどう考えているかについて、あるエピソードを紹介しておきたい。

２００８年に75歳でエベエストに登る際は当初、ネパール側ではなくチベット側から登る計画だった（実際は現地の事情でネパール側からに変更になった）。

その前年、トレーニングを兼ねて下見に行った。チベット側からのベースキャンプまで行き、そこからノースコルという山を目指すスケジュールを組んだ。

ところが、現場に行って父の心臓の状態があまりよくなかったことから、ノースコルに登るのはやめることにした。

スケジュールが変更になったので、父は「せっかくここまで来たのだからラクパリに登ろう」と、別の山への挑戦を望んだ。

だが、ラクパリは、クレバス（氷河や雪渓などにできる深く大きな割れ目）だらけで、かなりリスクが高いと僕は思った。

しかし、**父はどうも楽観している。**「スキーを履いて行けば大丈夫だ」と。つまり、長い板を履いていればクレバスに落ちづらいというのだ。

結局、僕は押し切られてラクパリにスキーを担いで登ることになる。

実際に行ってみると、クレバスは大量にあいており、落ちたら命の危機が迫るようなものもいくつもあった。ところが、父が言うようにスキーがあればそれほど怖くなかったのだ。縦に長い板で、地面の隙間もスイッと越えることができる。

父はそこで「どうだ、怖くないだろ。俺の言ったとおりだろ」とは言わない。「お～これはいいところだな」と面白がってクレバスをジャンプしていた。

このとき学んだのは、遠くからみてわからないから怖いのであって、**近づいて状況を把握すれば恐怖は半減する**ということだ。

父は、見えているものはそれほど怖くないのだと思う。状況を把握したうえで、避けられるリスクは避ける。ネガティブな状況を把握して、それに対してできる限り抗う。無闇には怖がらない。これは「老い」や「死」に対しても同じかもしれない。

雄一郎の補足

人生はクレバスだらけである。不用意に近づけば足を滑らせて落ちてしまうこともあるだろう。しかし、状況を判断し、備えれば回避することは可能になる。恐れる必要はないが、知る必要はある。私はそう思っている。

人生のピンチから脱出する秘策
――それは、「諦めない心」を持ち続けること

父との関係において忘れられない思い出がある。

今から30年ほど前、僕がモーグルの選手としてリレハンメルオリンピック代表を目指していたときだ。そのとき、日本男子の出場枠は1。それを2人の手強いライバルと競い合っていた。

カナダとアメリカで行われる国際大会「ワールドカップ」が日本の代表選考を兼ねたレースだった。

ところが、僕は絶望的な状況に追い込まれた。カナダで足をケガしてしまったのだ。

左足がパンパンに膨らみ、スキーブーツを履ける状態ではなくなってしまった。アメリカ・コロラド州で行われる次の試合に出られないのだから、もうオリンピック出場は無理だろうと諦めかけていた。

それでもチームに同行してコロラドまで行った僕は、現地のクリニックで足を診てもらい、その帰り道で両親にその状況を報告することにした。当時はまだ携帯電話が普及していなかったので公衆電話を利用した。

電話に出た母は「そんなに足が痛いのなら、早く帰っておいで」とやさしく言ってくれた。ところが、父は違った。

「どうだ、ゴン」

父は僕を「ゴン」と呼ぶ。

「どうもこうもないよ」

ぶっきらぼうに返した。すると、父は言った。

「その足は折れてるのか？」

「いや、レントゲンを撮ったら折れてなかった」

すると、父は珍しく強い口調で言った。

「折れてないんだったら大丈夫だ。〝やけのやんぱち〟でどうにかなる！」

父は続けた。

「人間というのは、追い込まれたら火事場の馬鹿力のような力が出てくるんだ」

そのときの僕は精神的にもかなり追い込まれていたので、腹が立って電話をガシャンと切ってしまった。若かった僕は、それこそ〝やけのやんぱち〟で電話ボックスを蹴っ飛ばした。しかも、よりによって痛いほうの足で。

「あいたたた〜〜」

僕はその場でぴょんぴょん飛び跳ねた。その姿を客観的にみればマンガのワンシーンのようだったろう。だが、僕の怒りは収まっていなかった。

「僕の気持ちなんてなにもわかっていないんだ」

何秒か経って、ムカムカしながらホテルに戻ろうと歩き出した僕はあることに気づく。それまで引きずっていた足を引きずっていなかったのだ。怒りで痛みも忘れていたようだ。

言葉にできない理不尽さ、不条理さに僕は、そこから火事場の馬鹿力を出してやろうと決意した。

ブーツに足が入れば滑ることはできると考え、そのままホームセンターに行き、アメリカでは〝ダクトテープ〟と呼ぶ、亀裂の入った水道管を補完できるような強力なガムテープと、ノコギリを買った。そして、ノコギリでスキーブーツの一部をカットし、ダクトテープで足をぐるぐる巻きにしてねじ込むことにした。

作戦は成功。足が入ったのだ。

翌朝、僕は大会コースのスタート地点に立っていた。緊張感からアドレナリンが出たおかげか痛みはあまりない。ぶっつけ本番のコースだったが、僕はそこで火事場の馬鹿力を発揮した！

１００％の滑りではなかったが、絶好調だったライバル２名がそれぞれ失敗をしたことにより、僕がオリンピックの代表権を得たのだ。

いろいろと偶然が重なった出来事だと思う。ライバルが失敗しなかったら僕はリレハンメルに行けなかった。

実際、〝火事場の馬鹿力〟にはそれなりの科学的根拠があるようだが、それよりも**このときに僕が父から教わったのは「諦めない心」だ。**

そして、大病を経験し人生における大きなピンチを迎えた父は、自分のふるまいを通して僕らに諦めない心の大切さを教えてくれている。僕らだけではない。きっと世の中の多くの人にそれを伝えたいのだろう。

雄一郎の補足

豪太に強く何かを言ったのはあのときだけかもしれない。火事場の馬鹿力というものがあるかどうかはわからないが、アスリートとして瀬戸際に立っていた豪太に、私が重んじるネバーギブアップの精神を持ってほしかったのだ。

親子関係を「パートナー同士」に！「要介護」という難敵に向き合うひとつの工夫

70歳でエベレストに挑戦する以前、予行演習で同じくヒマラヤにある世界で6番目に高い山であるチョー・オユー（標高8188ｍ）に登ったときから、**僕は父の冒険のパートナーになった。**

パートナーということは、フィフティ・フィフティの関係ということになる。

ただ、その後の冒険を続けていくうえで、僕は登山の経験値がどんどん上がり、父の体力はそれなりに衰えていった。

最初は父についていくようなイメージだったが、だんだんと父は僕にいろいろなことを任せてくれるようになった。父に認められたようでとても嬉しかった。

父が75歳でエベレスト挑戦をする以前に、トレーニングを兼ねてヒマラヤのシシャパンマ（標高８０２７ｍ）という山に挑んだこともあった。

ただ、このときは父の不整脈がひどい状況になっていた。

シシャパンマは世界で14番目に高い山であり、そこに登頂することはとても価値がある。ただ、そのときの目的はあくまで予行演習であり、本番は翌年のエベレストだった。僕は無理をする必要がないと考えた。

下山しようと父を説得したのはこのときが始めてだった。このときも父はなかなか首を縦に振らなかったが、最終的には説得を受け入れてくれた。アコンカグアの12年前にそんなことがあったのだ。

現在、要介護となった父はいろいろなことを僕にゆだねてくれているが、その関係は父が70代の頃から少しずつ始まっていたのかもしれない。

この本では「チーム」という言葉を使っているが、老いていく親と子は介護問題を一緒に戦うパートナーだという見方をしてもいいだろう。

僕だけではない、あるときは姉が、あるときは兄が、それぞれ同じように父のパートナーとなっている。

雄一郎の補足

要介護となり希望を失っている人は、介護してくれる人や社会的なシステムを遠慮なく最大限活用してお世話になるといいと思う。そうすれば生活や行動の範囲を狭くせずにいろいろなことにチャレンジすることができる。

「冒険」も「障がい」も「要介護」も、チームで向き合えれば感動と高揚が生まれる

ここで、父の話からそれるのだが、僕自身が40歳を過ぎてから心を揺さぶられたふたつの体験について記しておきたい。きっとこの本を読んでくださっている方にも共感してもらえると思う。

今から十数年前、僕と父は、中岡亜希さんという人から「富士山に登るサポートをしてもらえませんか」との依頼を受けた。

1976年生まれの中岡さんは、22歳で身体の異変を感じ、25歳で希少難病である「遠位型ミオパチー」と診断される。それは、全身の筋肉が末端から少しずつ衰える進行性の難病であり、徐々に身体の自由がきかなくなるというものだ。大変に苦しい状況に追い込まれたのだ。

中岡さんは精神的に大きなショックを受けたものの、そこで人生を諦めなかった。今は顔と首、手の指を少し動かせるだけの状態だが、いろいろなことに挑戦している。どんどん世界を広げている。

車椅子で積極的に外に出るようになり、塾で英語を教え始めた。塾の生徒に「山に行こうよ」と誘われたことがきっかけで、車椅子やバギーを駆使して山に登るようにもなった。

そして、2009年には富士山に登ろうと計画し、僕らに協力を求めてきたのだ。僕と父は中岡さんの熱意に感銘を受け、実現できるようにプロジェクトを組んだ。

そのときは、**物理的には中岡さんが乗る特殊な車椅子をみんなが引っ張ったが、精神的には富士山に登りたいという中岡さんの気持ちがみんなを引っ張った。**

彼女はこの経験から、もっとスムーズに山を登れる手段はないかと模索し、ドイツの見本市で「ヒッポキャンプ」というフランス製の最新鋭アウトドア用車椅子に出会う。そして自ら会社を設立し、日本にそれを輸入することにした。

第2章で紹介したデュアルスキー（着座式スキー）を日本で初めて輸入したのもその会社である。さらに中岡さんは、北極圏にほど近いカナダ・イエローナイフに出向き、マイナス30度の気温のなか、自社による防寒ウエア開発のための耐寒実験や機材の耐久性テストを実施。自ら楽しみながらの、障がいがある人たちの環境をよくするための活動のフィールドは山にとどまらず、海や湖にも広がっている。

・・・・元ラグビー部員たちの友情が教えてくれたこと・・・・

ふたつめは、杉田秀之さんの話だ。２００７年の夏、僕は慶應義塾大学ラグビー部の皆さんに請われ、一緒に富士山に登ることになっていた。部の夏合宿の最終日に、みんなで富士登山に挑戦するという計画だったのだ。

ところが合宿での練習中に、スクラムが崩れる事故が起き、部員のひとりであった杉田さんは頸髄（けいずい）を損傷してしまう。もちろん登山は中止となった。

杉田さんは、病院で生涯歩くことはできないだろうと診断され、その出来事はラグビー部の仲間たちの心にシコリとして重く残ることになる。

それぞれ社会人となった仲間たちは、**そのとき果たせなかった夢を、当時の監督、そして杉田さんも含めて全員で実現させようと、12年後の２０１９年に富士山に挑む計画を立てた。**そこで、また僕に声をかけてくれた。とても嬉しいオファーだった。

僕は1年越しのプロジェクトを組み、自分の知識や経験をすべて投入した。

アウトドア用車椅子を活用しつつ、足に麻痺（まひ）は残るものの奇跡的に歩けるようになった杉田さんも、できるだけ自分の足を使って山頂を目指すことになった。

コロナ禍前の２０１９年８月、当時のメンバー全員に先輩、後輩も駆けつけて、アウトドア用車椅子を引っ張るメンバー30人ぐらいを含めて、ラガーマンたち１００人以上が集結した。

天候にも恵まれ、プロジェクトは大成功だった。**杉田さんが自分の足で山頂に到達**

したとき、ラグビー部のメンバーたちと僕は気持ちがひとつになった。内側から込み上げてくるような感動と高揚とがあった。

そして、「これは父がやってることに似てるな」と思った。

……どんな人でもチャンスのある社会へ……

中岡さん、杉田さん、その仲間たちと共有した時間は、僕のこれからの人生に強く影響を与えるものだった。

僕はこれまでも、体力の衰えと病気を抱えた父がどうやったら登頂できるだろう？というのを必死に考えながら、そして一緒に楽しみながら挑戦を続けてきた。いろいろな人たちにこの考え方や技術を伝えられないかなと思ったのだ。

これまで、メディアで中岡さんや杉田さんのような例が取り上げられる際は、周りの人たちが大変な思いをしているように描かれることも多かった。中岡さんは見知らぬ人に「人に迷惑をかけちゃダメじゃないか」と言われたこともあったとか。

冗談じゃない。**中岡さんの仲間も、杉田さんの仲間も、そして僕も、対等な関係にある同じチームの仲間として、一緒に楽しみたいからやっているのだ。**

そんな世界をもっと広めたい。障がいがある人も、体力が衰えた高齢者も、どんな人でも山に登ったり、スキーをやったりできるような環境作りをやっていきたい。

僕は山やスキーが専門なので、どうしてもそっちの方向になるが、きっと他のジャンルでも僕らと同じようなことを考え、活動している人が世界中にいるだろう。

年齢、性別、性自認、国籍、疾患や障がいの有無、宗教などなど、一切を問わず、**すべての人に公平なチャンスがある社会に少しでも近づく動きは、世界的に進んでいる**ように感じる。

雄一郎の補足

中岡亜希さんのつねに前向きで諦めない姿勢は素晴らしい。頭が下がる思いだ。私は彼女に「どの人生にも冒険があり、私たちはそれを達成し、喜びを分かち合える権利がある」という言葉を贈った。

インクルーシブ野外活動の考え方は、超高齢社会でますます必要とされる

中岡さんや杉田さん、その仲間たちとの経験は僕を突き動かした。

僕は、講演、スキーやアウトドアのイベントの主宰、スキーのコーチ、オリンピック中継の解説者、スキー関連の通訳、スキー関連団体の理事など、いろいろやって生活している。いわば、山、スキーに関する〝よろず引き受け業〟である。

しかし、〝ステイホーム〟が求められた2020年はほとんどの仕事がキャンセルになった。そこで、空いた時間を有効に使おうと考え、以前より関心を持っていたビジョンを具体化させる。山岳ガイドと「ＩＯＩ」の資格を得ることである。

山岳ガイドの資格は「公益社団法人日本山岳ガイド協会」が認定するもので、文字どおり山岳ガイドの公的なライセンスだ。登山経験はそれなりにあったが、それを活かすためにきちんとした資格を持ちたかったのだ。

では、「ＩＯＩ」とは何か？

障がいの有無や年齢に関わらず、近年では、多様な人々がともに大自然を楽しむ取り組みを「インクルーシブ野外活動」と呼んでいる。**「インクルーシブ」とは「多様な人々をすべて包み込む」といった意味もある**そうだ。

そして、「ＩＯＩ（Inclusive Outdoor Activity Instructor）」とは、長野県と信州大学が主催する講座で認定されたインクルーシブ野外活動の指導員のことである。

たとえば、障がいがある人がいる家族の誰かがＩＯＩの資格を得ることによって、アウトドア用車椅子（ヒッポキャンプ）や、デュアルスキーなどの道具を用いて、家族みんなで野外活動を楽しめるようになる。

これは、父のような要介護になった人がいる家族やコミュニティにもいえることだ。

「インクルーシブ＝多様な人々をすべて包み込む」という考え方が重要なのだ。

もっとも、僕がＩＯＩの資格を取ったのは、父が脳梗塞、頸髄硬膜外血腫に倒れたこととは直結していない。それ以前から考えていたことである。

ただ、父も巻き込んでインクルーシブ野外活動をＰＲすることによって、障がいや高齢化などにより野外活動の機会が得られない人に、「こんなことができるんですよ」と知らせることができるのではないかという思いもあった。

多様性の尊重やインクルーシブ野外活動の考え方は、とくに**超高齢社会を迎えた日本では、ますます必要とされるものになっていくだろう**。

雄一郎の補足

可能性を模索することなく、限界を決めてしまうのは人生をつまらなくさせるだけである。そうした意味でも、インクルーシブ野外活動の理念は私も大いに賛同している。誰でも自然体験できる社会。なんて素晴らしいのだろう。

誰かの目標達成に〝チームの一員〟として寄り添うことで、人生はさらに豊かになる

父は２０２１年12月にスキー場に復帰した。

２０２２年になると、人々はまだマスクをしていたが、世の中は通常モードに戻りつつあった。僕の仕事も１００％ではないが従来のボリュームに近づいてきた。

そうしたこともあり、６月に両親にはサービス付き高齢者向け住宅に入ってもらった。ただ、厄介者を放り投げるようなことをしたのではなく、札幌に住む僕はマメに訪問し、リハビリを手伝ったり、気分転換に外食に連れ出したり、あれこれとケアをしている。以前よりペースは落ちたが、姉も兄もときどきやってくる。

ようやくふたりの生活が落ち着いたかと思ったが、9月には母が転んで股関節を骨折するというアクシデントもあった。入院は11月までとなった。

その間、父はサービス付き高齢者向け住宅でひとりで生活し、うち**1週間ほど上京し講演の仕事もこなした。**

父は前年の聖火リレーのあとに富士山を目標に掲げたが、まだまだ現実的ではなかった。スキーで自分が生まれ育った青森県の八甲田山（はっこうださん）を滑りたいという計画も浮上したが、スキーシーズンまでは先が長い。

前年は6月の聖火リレーから、12月のサッポロテイネスキー場でのスキー滑走までブランクが長く、途中でダレてしまった反省もあり、２０２２年は、スキーシーズン前の中間目標を決めることにした。

それは、10月に札幌の手稲山（標高１０２３ｍ）を登って、ついでに山頂で10月12日生まれである父の卒寿の祝いをするというものである。もちろん、父は大乗り気だ。

当日は、家族、親戚、友人と、父の誕生日を祝う人々が集まった。僕は大きなバーステーキを持参した。

父はできるだけ自分で歩こうと頑張り、サポートとしてアウトドア用車椅子を用意した。歩くときは2本のノルディックポールを手に左右のバランスを保つ。途中、疲れて来たらアウトドア用車椅子に乗り、それをみんなで引っ張った。

無事に登頂した。手稲山はエベレストに比べると小さな小さな山だ。だが、父はたくさんの人と一緒に山に登ることが本当に楽しそうだった。

「最高ですよ！」。このときはテレビの取材が入ったが、マイクを向けられると父は噛みしめるように言った。そして、**「90歳なんて、そんなにトシだとは思っていない。100歳に向けて頑張っていきたい」**と力強く語った。父はそうやってテレビカメラの前で宣言することで、自分の気持ちをさらに高め、周囲にもアピールするのだ。

‥‥北海道・大雪山でのスキーへの挑戦‥‥

手稲山に登った父は、次のチャレンジとして青森県の八甲田山でのスキーを計画していた。それはデュアルスキーでの滑走を前提としたものだった。

しかし、**父は自分の足でスキーができそうだ。**そこまで回復している。10月よりも明らかに向上しているのだ。

12月にサッポロテイネスキー場でテストしてみた。腰にロープを回し、それを僕が後ろから持ってコントロールできるようなスタイルだったが、山頂から山麓まで自分の足で滑れた。4㎞を滑走したのだ。そうなったら、スキーでの目標も変更の必要があった。

父が「八甲田山はやめて、大雪山なんかいいじゃない」とボソッと言った。

父の目標の見つけ方はさすがだと思った。

八甲田山は完全に自然の環境で、デュアルスキーならなんとかなるとしても、今の父が自分の足で滑るにはハード過ぎる。

北海道最高峰の旭岳（あさひだけ）を有する大雪山は、一般的なスキー場ではなく山岳スキーのフィールドでありつつ、いざとなったらエスケープルートがある。父が自分の足で滑って、何かあった場合も救助が比較的容易なのだ。

…… 3日間で15人が関わるプロジェクトに ……

〝ポジティブサポート〟の成果で、大雪山のスキー滑降計画は順調に具体化していった。だが、要介護認定されている90歳が山岳スキーをするには、万全なバックアップ体制が必要だ。悪天候だったり、雪のコンディションが悪ければリスクが高くなるので、予備日を2日間確保した。3日間のうち、ベストの日に決行するという算段だ。

サポートのメンバーが15人。みんなそこに高い意義を感じてくれた人たちだ。姉も記録係として参加することになった。

一般的なスキー場はパトロール係の人が常勤し、スキー・スノーボード客になにかあったときは、スノーモービルや専用の救助用ソリに乗せて運んでくれる。

しかし、大雪山にはそうした環境がないので、もし父が自分の足で滑れないとなったら、デュアルスキーが必要になる。前出の中岡さんも参加したので、そのチームの人も含めるとそれだけの人数となったのだ。

不安材料もあった。そのときのメンバーはみんな経験豊富な信頼できる人たちだったが、チームとしては即席だった。

初日は天候が荒れたので中止に。ただ、全員でチームミーティングをして、メンバーの意思の疎通を図ることができた。そして、翌日から天候が回復するとのことなので、2日目に決行しようということになった。朝の10時にはロープウェイの下に集合ということにした。

90歳、大雪山を自分の足で最後まで滑る

当日、ロープウェイの山麓駅に併設されたレストランで昼食を食べてから、天候が落ち着きそうな午後にスタートすることになった。父はラーメンを美味しそうに食べていた。

ロープウェイで標高1600mの姿見駅まで上がり、いざスタート！

滑り出し快調だ。父の腰にロープを回し、僕が後ろから引っ張るスタイルで滑った。このやり方にまだ名前をつけていないが、僕が子どもにスキーを教えてきた経験で体得したものである。後ろから引っ張れば引っ張るほど人は前に行こうとするので、板のいいポジションに乗ることができるのだ。

当日はＮＨＫのカメラが入った。途中で休み休み滑る。「ここで待ってやるか」と父は言う。テレビの画作りのためにわざと休んでいるんだという。負けず嫌いというかなんというか……。

スタートから1時間10分。一部には急斜面もあったが、**父は一度も転倒せずにゴールすることができた。**

ゴールエリアでは、チーム全員でバンザイをした。

スキー、スノーボード、または雪山登山を経験したことがある方なら、白い雪で覆われた山の風景の素晴らしさはご存じだろう。そこを2本の板で滑ると、他では得られない爽快な気分になる。何度滑ってもそれは変わらない。

大雪山でのスキー挑戦！

サポートのメンバー、中岡亜希さんのチームも含めた大所帯で挑んだ。

リハビリに励んできた父は最高の達成感を得ただろう。そして、父の目標に寄り添った僕らも同じ気持ちに浸ることができた。

雄一郎の補足

馴染みのある北海道の最高峰でスキーを楽しむことができたのは、大きな光になった。富士山もそうだが、自分の目標を決めるときは、シンボル的な何かや、憧れの対象となるものを絡めると、より意欲が湧いてくるものである。

ポジティブサポートは大成功！「要介護４」から「要介護１」に

コロナ禍１年目の２０２０年６月に父が頸髄（けいずい）硬膜外血腫に倒れ、医師に「リハビリ次第」だと伝えられてから、僕たちはポジティブサポートを続けてきた。

振り返ってみると、これまでのところ作戦は大成功だったと思う。

とくに、**病院を出た父が、有料老人ホームを経て、サービス付き高齢者向け住宅に移ってからは、リハビリの進み具合は飛躍的だった。**

そして、この１年の成果として大きかったのは父の体重が落ちたことた。これは食事と運動のバランスがうまくいっているからだろう。そのなかで筋力と持久力を落とさずに全体的なパフォーマンスを高めることができている。狙いどおり、あるいはそれ以上の結果だといえる。

2023年の3月末の再認定で、**父の介護認定は今までの「要介護4」から「要介護1」に変更となった。**

これは、「4」からいきなり「1」になったというイメージではない。コロナの影響で再認定の機会が2回ほど延期になったからであり、実際は「4」↓「3」↓「2」↓「1」と段階的に状態がよくなっていたのだと思う。

富士山登頂はいよいよ現実的なものになってきた。

雄一郎の補足

子どもたちを中心とした〝ポジティブサポート〟は私を奮い立たせてくれた。リハビリは決して楽ではない。楽ではないが、それを乗り越えた先に「可能性」が明確にあるから頑張ることができた。いや、まだまだ頑張るつもりだ。

90代の挑戦が始まった!!

最終章

富士山登頂プロジェクト

三浦雄一郎

「要介護4」を脱した90歳に必要なことは、さまざまな助けを借りる〝万全の準備〟

大雪山の挑戦は、仲間たちの協力もあり無事に成功した。

さあ、次の目標は富士山だ。

2021年6月、富士山の五合目でオリンピックの聖火を灯すことができたとき、私は「次は富士山に登ってみたい」と口にしていた。

だが、聖火のトーチを持ってなんとか150mを歩いた頃の私にはそれがもう限界であり、すぐに富士山にチャレンジするのは困難なコンディションだった。

そこで、約2年間の準備期間を設定した。私はとにかく体力、筋力を少しでも取り戻せるようにリハビリを頑張り、トレーニングを重ねた。

一方で、インクルーシブ野外活動の指導員の資格をとった豪太を中心に、子どもたちが時間をかけて、綿密に富士登山プロジェクトを組み立ててくれた。

可能な限り自分の足で歩きたいが、２０２２年10月に手稲山に登ったときと同じように、**アウトドア用車椅子を併用するスタイルを想定した。こうした最先端の道具を使うことで、人間の可能性が広がるのは本当に素晴らしい**ことだ。

目標は、「90歳の私が富士山に登頂し、無事に帰ること」である。

富士山は簡単な山ではない。登頂するだけではなく、無事に帰ることについても万全の準備が必要である。

高山病のリスクもあるが、これに対しては、特殊な機械により酸素の少ない高所と同様の環境を再現できる「低酸素室」でのトレーニングを行った。高所での環境に身体を慣れさせたのだ。また現場では、医師の資格を持ったメンバーと豪太が随時、血圧計とパルスオキシメーターで私の体調をチェックする。さらに、これまでやってきた呼吸法でかなりリスクを減らすことができる。

決行日は2023年の8月29〜31日に決まった。

私が中心になるのでペースは遅くなる。そこで、通常は1泊2日のところを、2泊3日のスケジュールとした。

豪太たちが、アウトドア用車椅子を牽引(けんいん)したり、押したりしてくれる仲間を集めてくれた。ロープで牽引する係が8人、両サイドと後ろで支える係が計3人、さらに、前方で障害物の有無などを確認する偵察係を含めると、最低12人がひとつのチームだ。やはり富士山ともなると疲労はかなりのものとなる。メンバーは2班編成にして、交代しながら登っていくプランにした。他の登山者の邪魔にならないような配慮も必要である。

ほかにも、友人、知人らの応援部隊、また、私が名誉校長を務めている「クラーク記念国際高等学校」登山部の生徒たちも合流する。

まるで**同窓会と林間学校を兼ねたようなチャレンジになる。**本番が迫ってくるに従い、胸が高鳴ってきた。

３７７６ｍの山頂に到達できたらどれだけ素晴らしいだろうか。

階段の一段一段が富士山の頂上につながる

思えば、私が絶望の淵(ふち)に立って3年以上が経過した。命だけは取り留めた私は、再スタートを決意し、まずは起き上がること、自分で立つことから始めた。上半身、下半身と基礎的な体力、筋力をつけるリハビリ以外に、「聖火リレーのトーチを持って１５０ｍを連続して歩けるようにする」「スキーで斜面を滑降するための筋力をつける」「富士山に登るために筋力だけではなく持久力もつける」といった具合に、目標ごとに個別の強化トレーニングを行った。

また、階段の上り下り、ある程度連続した坂道の上り下り、不安定な足場での歩行などは重点的に試した。

つねにコンディションは山あり谷ありで、「お、調子がいいぞ」と階段の上り下りが楽々とできた次の週は、痺（しび）れがひどくて立てないこともあった。

ただ、全体としては少しずつ復活できている実感があった。わずかながら以前とは違う。体重が落ちて筋力のバランスがよくなったこと、左右差が少なくなったことが大きいようだ。

階段を下りるリハビリでは、これまで左足を中心に折り曲げて右足で着地していたが交互にそれができるようになった。上りも左足中心だったのが左右の足を同様に動かせるようになった。私にとっては大きな一歩、大きな前進だ。

階段の一段一段が、遥（はる）か彼方（かなた）の富士山の頂上へつながっているような気分だった。果たしてどれだけ自分の足で歩けるだろうか。

こうして私は、チャレンジの当日を迎えた。

仲間たちと登った3776mの幸せ。人間は自分の力だけでは生きていけない

2023年8月29日、富士山の玄関口である五合目から、まずは自分の足で歩き出した。トレッキングポールをつき、ゆっくりと時間をかけて進んだ。天気は快晴だ。気分は爽快である。

その後、アウトドア用車椅子に乗り、目標にしていた七合目の山小屋（標高3010m）に到着したのはその日の17時より少し前だっただろうか。

2日目は、午前7時30分頃に七合目をスタートし、九合目（標高3460m）の山小屋を目指した。脚の痺れを感じていたが、それ以外の状況は良好だった。自分の足で、そして仲間にひっぱられながら、その日もほぼ予定どおりに登ることができた。

最終日の31日の午前5時15分頃、眼の前に迫るような美しい雲海と朝陽が私たちを歓迎してくれた。自然と一体になったような気分を味わいつつ、九合目をスタートした。山頂は目の前である。

久しぶりの富士山頂に到達したのは午前7時20分頃だ。富士山は私の冒険の原点である〝特別な存在〟であり、何度登っても感動させられる。とくに今回は格別な思いがあった。空は青く晴れていた。頬にあたる冷たい風が心地いい。みんなに感謝の気持ちを伝え、一緒にバンザイをした。**私は多くの仲間たちのおかげで、90歳の夢を果たすことができたのである。**「最高の気分」としか言いようがなかった。体調も悪くない。天候にも恵まれた。仲間たちもみな、幸せそうな顔をしている。スケジュールに変更はなく、その日のうちに五合目まで下山する。あっという間の3日間だった。

アウトドア用車椅子を用いたことについては賛否あるだろう。しかし、私のなかでは、今回の富士登山と、過去の冒険とは本質的になんら変わりがないものである。そ

たくさんの仲間たちと、富士山に挑む喜びを分かち合うことができた。

れは胸を張って言える。

これまでもつねに、その時点での自分の限界を打ち破る目標を設定し、それに挑んできた。今の私にとって、限界突破の冒険は、可能な限り自らの足で歩きながら、仲間の力を借りて共に富士山に登ることだったのだ。

人間はいくつになっても、あるいはどんなハンディキャップを持っても「挑戦」することができる。

アウトドア用車椅子を用いての富士山登頂が成功したことで、「今度は自分の足で、またみんなと一緒に富士山に登りたい」という思いも強くなった。

2023年の10月に91歳になる私は、また新しい目標に向けて歩き出す。歩みはゆっくりだろう。しかし、前進していけば、必ず目標に近づいていくのである。

おわりに

三浦豪太

この本は、主に2019年1月のアコンカグア遠征後から、2023年夏の富士山挑戦までの4年半の間に、三浦雄一郎と僕ら家族に起きた出来事を紹介しつつ、高齢者の方や、それを支える立場にある人が、前向きになれるような考え方をまとめたものだ。

初めて明らかにした内容も多数含まれている。「三浦雄一郎はそんなことになっていたのか」と驚いた方も多いかもしれない。

一時、離れていた父との関係を再構築し、一緒に行動するようになってから20年以上になる。だから、僕には父の考え方、いわば〝三浦雄一郎イズム〟が染みついている。何事も「まずは挑戦してみよう」と考えるようになった。くだらない冗談をいうところも似ているといわれる。こうやって、共著で本を書いてみるとそれを痛感する。だが、僕は父と100%同じ道を歩いているわけでもない。

父が、以前のように身体を動かせなくなってから、「今後、自分がやりたいことはなんだろう?」「どこの山に登りたいのだろう?」と自問自答したときに、あることに気づいた。

僕は人との関わりのなかで山に登ってきたのだ。

どこの山に登りたい、ではない。僕が求めているのは、人と分かち合える山、人と関わり合える山なのだ。それが小さな山であってもかまわない。

そのようにはっきりと思えるようになった。それが、アコンカグアからの4年半での、自分の大きな変化だと思える。

そして僕はまた、両親の介護という別の〝山〟にも登っている。山頂はないかもしれないが、それもまた両親やきょうだい、周囲の人々と喜びを共有できるプロジェクトだ。繰り返しになるが、チームの一員として力を合わせながら、一歩一歩前進している状態だ。

2023年8月末、父は多くの仲間たちと一緒に富士山に挑み、自分の足とアウトドア用車椅子の併用スタイルで登頂に成功した。そして、僕らは登頂の喜びをみんなで分かち合った。

「これだ。これなんだ」

僕は標高3776mの富士山頂で、自分が心から求めているものを再確認できた。そして、これからはますます、父に対してと同じだけのパワーを注いで、何らかの事情で野外活動の機会がなかった人、遠のいてしまった人たちも含め、インクルーシブに自然や山の素晴らしさを分かち合う活動を続けていきたい。

今回、父の挑戦が断片的にメディアで報じられることにより一部に批判的な声もあったと聞く。

自分の足で登らなければ「登山」とはいえないのではないか？

周りに迷惑をかけているだけではないのか？

万全ではない健康状態での富士登山は無謀ではないか？

いろいろな考え方があるようだ。だが、この本を最後まで読んでくださった皆さんには、90歳の父がアウトドア用車椅子を用いて富士山に登頂した意義も、周囲の人々が父のわがままに仕方なく付き合ったわけではないことも、計画性のないチャレンジでなかったこともご理解いただけたことだろう。

僕らがやっていることを知って、少しでも希望を持てた人、目の前が明るくなった人がいたら嬉しい。なぜなら、それは〝山〟を一緒に登り、共感し合える仲間がまた増えたことになるからだ。

（2023年9月）

三浦 雄一郎　*Yuichiro Miura*

プロスキーヤー、冒険家、クラーク記念国際高等学校名誉校長。

1932年青森生まれ。1970年エベレスト・サウスコル8000m世界最高地点スキー滑降（ギネス認定）を成し遂げ、その記録映画［THE MAN WHO SKIED DOWN EVEREST］はアカデミー賞を受賞。1985年世界七大陸最高峰のスキー滑降を完全達成。2003年次男（豪太）とともにエベレスト登頂、当時の世界最高年齢登頂記録（70歳7か月）樹立。2008年には75歳で2度目、2013年には80歳で3度目のエベレスト登頂〔世界最高年齢登頂記録更新〕を果たす。

三浦 豪太　*Gota Miura*

プロスキーヤー、博士（医学）、慶応義塾大学特任准教授。

1969年神奈川生まれ。1994年リレハンメルオリンピック、1998年長野オリンピックのモーグル日本代表選手。2001年米国ユタ大学スポーツ生理学部卒業。2003年、父・雄一郎とともにエベレストに登頂し、初の日本人親子同時登頂記録を達成。2013年、2度目のエベレスト登頂。2019年、南米最高峰アコンカグア（6961m）登頂、スキー滑走。アンチエイジング医学の研究に勤しむかたわら、登山やスキーに邁進し、全国で元気になれるアウトドアイベントや講義を行っている。

諦めない心、ゆだねる勇気
老いに親しむレシピ

著　者　三浦雄一郎、三浦豪太
編集人　新井 晋
発行人　倉次辰男
発行所　株式会社 主婦と生活社
〒104-8357　東京都中央区京橋3-5-7
TEL 03-5579-9611（編集部）
TEL 03-3563-5121（販売部）
TEL 03-3563-5125（生産部）
https://www.shufu.co.jp
製版所　東京カラーフォト・プロセス株式会社
印刷所　大日本印刷株式会社
製本所　株式会社若林製本工場

ISBN978-4-391-16012-3